레비나스와 정치적인 것

레비나스와 정치적인 것: 타자 윤리의 정치철학적 함의

발행일 초판1쇄 2018년 9월 10일 • **지은이** 김도형
펴낸이 유재건 • **펴낸곳** (주)그린비출판사 • **주소** 서울시 마포구 와우산로 180, 4층
전화 02-702-2717 • **이메일** editor@greenbee.co.kr • **신고번호** 제2017-000094호

ISBN 978-89-7682-454-7 93160
이 도서의 국립중앙도서관 출판예정도서목록(CIP)은 서지정보유통지원시스템 홈페이지(http://seoji.nl.go.kr)와
국가자료공동목록시스템(http://www.nl.go.kr/kolisnet)에서 이용하실 수 있습니다.(CIP제어번호: CIP2018028140)

철학이 있는 삶 **그린비출판사** www.greenbee.co.kr

레비나스와 정치적인 것

타자 윤리의 정치철학적 함의

김도형 지음

그린비

차례

레비나스와 정치적인 것

타자 윤리의 정치철학적 함의

1장 들어가면서: 레비나스 철학에서의 정치

"레비나스에게 정치란 있는가?", "레비나스의 정치란 무엇인가?" 이 저서의 목적은 '타자의 철학자'로 알려진 에마뉘엘 레비나스의 정치철학을 검토하는 것이다. 그의 정치철학이 인간성의 회복과 공동체의 재건을 도모하려는 우리의 노력에, 낡은 의미의 정치가 붕괴되고 더 이상 불가능해진 상황에서 새로운 사유를 시작하려는 우리의 기획에 하나의 단초를 제공할 수 있다고 믿기 때문이다.

1961년 『전체성과 무한』[1]이 출간된 이후, 더 정확히는 1964년 자크 데리다가 『형이상학과 도덕 잡지』에 『전체성과 무한』을 비판적으로 검토한 논문인 「폭력과 형이상학」[2]을 발표한 이후, 레비나스는 20세기 가장 중요한 사상가 중의 한 명으로 널리 알려졌다. 레비나스는 서구 문명의 자기중심성을 타자 우위의 윤리를 통해 극복하고자 한다.[3] 그의 철학적 사유의

---

1) E. Levinas, *Totalité et infini: Essai sur l'extériorité*, Martinus Nijhoff, 1961 [에마뉘엘 레비나스, 『전체성과 무한: 외재성에 대한 에세이』, 김도형·문성원·손영창 옮김, 그린비, 2018].

2) J. Derrida, "Violence et metaphysique: Essai sur la pensée d'Emmanuel Levinas", *Revue de metaphysique et de morale*, nos.3, 4, 1964 [자크 데리다, 『글쓰기와 차이』, 남수인 옮김, 동문선, 2001에 수록].

중심에는 언제나 타자와 윤리가 놓여 있다. 타자와 윤리에 대한 그의 사유는 동일성과 전체성의 철학에 대한 엄중한 비판이자, 이를 넘어서려는 과감한 시도라 할 만하다. 이런 탓에 레비나스가 충분히 소개되지 못한 한국에서는 물론, 비교적 레비나스 연구가 활발히 진행되고 있는 프랑스, 미국 등에서도 레비나스는 주로 '타자의 철학자'로만 알려져 있다. 그의 철학적 오리엔테이션이 확고하기 때문이기도 하지만, 그의 주저 『전체성과 무한』과 『존재와 달리 또는 존재성을 넘어』[4]의 논의가 책임으로서의 윤리적 관계에 집중되어 있다는 것도 간과할 수 없는 이유이다. 레비나스가 정치의 문제보다 윤리의 문제에 더 많은 관심을 기울였다고 평가하는 것은 일견 정당하다.

나는 레비나스의 사유가 윤리는 물론이거니와 정치에 대한 우리의 이해에도 기여할 수 있다고 생각한다. 뒤에서 언급하겠지만, 윤리에 기반해서 그리고 윤리와 더불어서 정치를 사유하려는 레비나스의 작업은 당위적인 관점에서뿐만 아니라 현실적인 차원에서 작지 않은 효과를 지닌다. 그렇다고 해서 이 저서가 레비나스가 제시하는 새로운 정치철학을 소개하는 것은 아니다. 레비나스는 자신의 저작 어느 곳에서도 '정치철학'이라 불릴 만한 것을 체계적으로 제시하지 않는다. 그의 철학에서 정치가 차지하는 역할 및 그의 정치 사유를 이해하기 어려운 것은 이 때문이다. 무엇보다 레

---

3) 레비나스가 내세우는 윤리의 의미는 고전적·일상적 방식으로 이해되었던 것과 완전히 다르다. 그는 『신, 죽음 그리고 시간』에서 "만약 윤리라는 말이 **에토스**(ethos)처럼 관습과 제2의 본성을 뜻한다면, '윤리적'이라는 표현은 부적절할 것이다"라고 말한다(E. Levinas, *Dieu, la mort et le temps*, Grasset, 1993, p. 217[에마뉘엘 레비나스, 『신, 죽음 그리고 시간』, 김도형·문성원·손영창 옮김, 그린비, 2013, 280쪽]). 레비나스에서 윤리란 책임이며, 책임(responsabilité)의 관계란 타자의 요구에 응답(répondre)하는 것이다.
4) E. Levinas, *Autrement qu'être ou au-delà de l'essence*, Martinus Nijhoff, 1974.

비나스 역시 그것을 목표로 삼지 않았다. 대안적인 정치 이론, 모든 사람들이 공통적으로 추구해야 할 행동 규범, 이런 것들의 수립과 레비나스의 사유는 거리가 멀다.[5]

그렇다면 레비나스에게 정치철학이란 무엇이고, 또 무엇일 수 있는가? 우리는 다음의 언급들을 통해 그 실마리를 찾을 수 있을 것이다.

나의 임무는 윤리를 구축하는 데 있지 않다. 나는 윤리의 의미를 탐색하려 할 뿐이다.[6]

철학의 가장 위대한 덕목은 철학이 스스로를 문제 삼을 수 있다는 것, 자신이 구축했던 것을 해체할 수 있다는 것, 자신이 말했던 것을 취소할 수 있다는 것이다. [……] 현재 내가 관심을 가지고 있는 사안은, 생각하고 스스로에 대해 묻고 궁극적으로 자기 자신을 철회할 수 있는 철학의 이 능력이다.[7]

윤리와 관련된 레비나스의 작업이 윤리적인 것의 의미를 근본적으로 다시 사유하는 것이듯, 정치와 관련된 그의 작업은 정치적인 것의 의미를 새롭게 사유하는 것이라 할 수 있을 것이다. 이런 점에 비추어 보았을 때, 그의 정치 '철학'은 기성의 정치를 문제 삼고 그 한계를 폭로하고 해체하는

---

5) 김도형, 「레비나스 철학의 사회철학적 함의: 레비나스의 윤리와 정치」, 『대동철학』 50집, 대동철학회, 2010, 99~100쪽 참조.
6) E. Levinas, *Éthique et infini. Dialogues avec Philippe Nemo*, Fayard, 1982, p.85[에마뉘엘 레비나스, 『윤리와 무한』, 양명수 옮김, 다산글방, 2000, 117쪽].
7) E. Levinas, "Dialogue with Emmanuel Levinas", ed. R. A. Cohen, *Face to Face with Levinas*, State University of New York Press, 1986, p.22.

작업인 동시에 정치가 망각하고 있는 그 의미와 존재 이유를 탐색하는 작업이라 할 수 있을 것이다.[8]

레비나스 정치철학의 독특성은 윤리의 지평에서 정치를 재(再)사유한다는 데에, 그러면서도 정치에 대한 윤리의 우위를 내세운다는 데에 있다. 구체적으로 레비나스에서 윤리와 정치는 어떤 관계를 맺는가? 우선 정치는 언제나 윤리 이후에, 더 정확히는 윤리의 대면적 관계 이후에 나타나는 문제들의 복잡성을 의미한다. 타자의 유일한 부름과 나의 응답 이후에, 정치의 조작적이고 규범적인 특성에 대한 얼개가 그려진다.[9] 언제나 "정치는 이후에!"(Politique après!)[10] 출현한다.

다음으로, 정치의 조건은 윤리다. 레비나스에게 정치란 추상적이고 관념적인 '나와 너' 사이의 문제가 아니라, 내가 책임지는 타자가 이미 다른 타자, 즉 제삼자(le tiers)와 관계하고 있다는 데서 발생한다. 타자는 나에게 명령하고 호소하면서 나의 책임을 요구하는 동시에, 또 다른 타자인 제삼

---

8) 정치를 새롭게 규정함으로써 기존의 정치를 비판하고 새로운 정치의 가능성을 탐구하려는 여러 시도들이 있다. 정치를 권력과 대비시키는 한나 아렌트의 논의나 치안과 구별하는 자크 랑시에르의 작업이 이에 해당할 것이다. 이에 반해 레비나스는 정치를 재규정하는 데 큰 관심을 기울이지 않는다. 그에게서 정치는 대개 비판의 대상이다. 그 어떤 새로운 정치도 나보다는 타자를, 자유보다는 책임을 내세우는 그 자신의 입장과 양립할 수 없기 때문이며, 그 어떤 정치도 전체성과 무관할 수 없다고 판단했기 때문일 것이다. 정치가 결코 담아낼 수 없는 바깥을, 정치가 결코 가닿을 수 없는 그 너머를 끊임없이 강조하는 것도 이와 유관하다. 이런 까닭에 레비나스가 택하는 방법은 정치의 새로운 형태를 모색하는 것이 아니라 정치가 가질 수밖에 없는 한계를 지적하는 것, 정치가 결코 해소할 수 없는 윤리의 문제를 강조하는 것, 현실적인 차원에선 윤리를 통해 정치의 경계를 끊임없이 뒤흔들고 확장하는 것, 정치의 의미를 끊임없이 되새기는 것으로 구체화된다.

9) G. Bensussan, "La précession de l'Éthique sur la Justice: face-à-face et pluralité", ed. G. Bensussan, *Les Cahiers Philosophiques de Strasbourg: Levinas et la politique*, no.14, 2002, pp.8~9 참조.

10) 이 표현은 E. Levinas, *L'au-delà du verset*, Minuit, 1982, pp.221~228에 수록된 논문의 제목이다.

자에게 봉사하라고 명령하며, 이러한 확장을 통해 인류의 차원이 레비나스 철학에 등장하게 된다. 여기서 '조건'이란 단어가 가리키는 것은 레비나스가 『전체성과 무한』 프랑스판 서문에서 그 책의 방법을 논평하는 가운데 스스로 명시한 것과 매우 밀접한 관련을 맺고 있다. 에드문트 후설의 환원과 지향적 분석을 거론하면서 레비나스는 다음과 같이 말한다. "지향적 분석은 구체적인 것에 대한 탐색이다. 자신을 정의하는 사유의 직접적 시선에 포착된 개념은, 그 순진한 사유에게는 알려져 있지 않지만, 그 사유가 생각지도 못했던 지평들 속에 뿌리를 내리고 있는 것임이 드러난다. 이 지평들이 그 개념에 의미를 부여한다. 이것이 바로 후설의 본질적인 가르침이다."[11] 그러나 특별히 레비나스에게서 중요한 것은 "대상화하는 사유를 그 사유에 생명을 주는 망각된 경험이 넘어선다는 생각"[12]이다. 이러한 식으로 본 윤리는 망각된 경험, 그러니까 정치적인 것이 삶의 바탕으로 삼는 의심되지 않은 지평이라고 할 만하다. 윤리는 정치와 제도들의 조건이다. 원인, 기초, 논리적 정초와 같은 존재론적 의미에서가 아니라, 정치에 의미를 부여하는 것이 윤리라는 점에서 말이다.[13] 레비나스에 있어 정치의 출발점은 타자에 대한 나의 책임과 유관한데, 이것이 의미하는 바는 정치란 단순히 윤리 외부에서 구성될 수 없다는 것이다.

윤리는 모든 반성과 계산에 앞서 타자에 대한 직접적인 응답을 요구하는 반면, 정치는 독특한 타자들을 비교하고 계산할 것을 요구한다. "정치

---

11) Levinas, *Totalité et infini*, p.XVI[『전체성과 무한』, 19쪽].
12) *Ibid.*, p.XVII[19쪽].
13) D. Perpich, "A Singular Justice: Ethics and Politics between Levinas and Derrida", eds. C. Katz and L. Trout, *Emmanuel Levinas IV: Beyond Levinas*, Routledge, 2005, p.336 참조.

적인 것의 가시적인 것은 얼굴을 비가시적인 것으로 남겨 둔다."[14] 정치는 위계적 체계 속에서 모든 타자들과 이웃들을 가시적이고 동시적인 것으로 만들며, 그들을 한데 모으고 주제화한다. 레비나스의 말마따나 "최초의 폭력"[15]이 발생하는 것이다. 그렇다면 타자에 대한 무한한 책임은 제삼자의 도래로 인해 끝이 나고 마는가? 정치의 시작이 윤리의 끝인가? 레비나스는 이에 동의하지 않을 것이다. 정치의 노동은 윤리의 선함을 결코 대체할 수 없다는 게 그의 주된 생각이다. 오히려 정치는 윤리에 의해 끝없이 문제 삼아진다. 윤리는 정치가 내세우는 보편적 법칙과 제도들에 도전하는 역할, 구축된 정치의 부정의와 무책임성을 고발하는 역할을 한다.[16]

> 그 자신에 내맡겨진 정치는 자기 안에 전제정치(tyrannie)를 가지고 있다. 정치는 자신을 야기한 자아와 타자를 왜곡시킨다. 왜냐하면 정치는 자아와 타자를 보편적 규범에 따라 심판하며, 그렇게 하여 궐석판결을 내리는 셈이기 때문이다.[17]

> [대중을 규제하는] 그런 합법성에서 끄집어내지는 것은 적대적인 힘들을

---

14) Levinas, *Totalité et infini*, p.276[『전체성과 무한』, 452쪽].
15) E. Levinas, "Interview with François Poirié", ed. J. Robbins, *Is It Righteous To Be?*, Stanford University Press, 2001, p.56. 우리는 정치를 최초의 폭력으로 간주하는 이런 식의 언급을 다른 곳에서도 쉽게 확인할 수 있다. "나의 이웃에게 자신을-줌(giving-oneself)을 제삼자와 제사자 ─ 이들 또한 나의 '타자들'인데 ─ 와 관련하여 생각함으로써, 이런 줌을 척도에 맡기고 조절함으로써 정의가 윤리적 책임을 파괴할 때, 정의는 이미 최초의 폭력이다"(Florian Rotzer, "Emmanuel Levinas", *Conversations with French Philosophers*, trans. G. E. Aylesworth, Humanities Books, 1995, p.62).
16) 김도형, 「레비나스 철학의 사회철학적 함의」, 109~111쪽 참조.
17) Levinas, *Totalité et infini*, p.276[『전체성과 무한』, 451쪽].

조화시키는 '사회적 평형'의 기술이다. 이런 것은 고작 자신의 고유한 필요에 내맡겨진 국가를 정당화하는 것이 될 것이다. …… 존재, 전체성, 정치, 기술, 노동은 근접성 속에서도 매 순간 그네들의 무게 중심을 자기 자신 속에서 가지려 하며 자신들의 셈으로 무게를 가늠하려 한다.[18]

레비나스는 우리에게 정치의 위험을 환기한다. 일반적으로 정치는 서로 대립되는 힘들의 평형을 보증하기 위한 수단으로 이해될 수 있는데 이때의 정치는 일종의 전략적인 활동으로, 여기서 공동체의 구성원들은 일종의 함수나 계기로, 동일자로 전락할 것이다.[19] 정치의 이 자기 지시적 전체화, 정치가 작동시키는 이 균등화, 이것이야말로 레비나스가 비판하는 "전쟁에서 비롯하는 전체성의 존재론"[20]인 셈이다. 그렇다면 레비나스의 정치철학은 기존의 정치를 비판하는 것으로 끝이 나는가? 물론 아니다.

정의, 사회, 국가 그리고 국가의 제도들 ── 근접성으로부터 이해되는 교환과 노동 ──, 이것들이 의미하는 것은 그 무엇도 타자를 위한 일자의 책임의 통제에서 벗어날 수 없다는 것이다. 중요한 것은 이 모든 형태들을 근접성으로부터 다시 발견하는 일이다.[21]

그렇다. 레비나스에 있어 중요한 것은 근접성, 즉 타자에 대한 책임 속

---

18) Levinas, *Autrement qu'être ou au-delà de l'essence*, pp. 202~203.
19) E. Dussel, "'The Politics' by Levinas: Towards a 'Critical' Political Philosophy", eds. A. Horowitz and G. Horowitz, *Difficult Justice: Commentaries on Levinas and Politics*, trans. J. Rodriguez, University of Toronto Press, 2006, p. 79 참조.
20) Levinas, *Totalité et infini*, p. x[『전체성과 무한』, 10쪽].
21) Levinas, *Autrement qu'être ou au-delà de l'essence*, p. 202.

에서 종래의 정치적인 것을 '다시' 발견하는 일이다. 이런 맥락에서 레비나스 정치철학의 근간을 이루는 여러 요소들을 검토하고, '정의'와 '인권'에 대한 그의 새로운 해석을 면밀히 고찰할 것이다. 이를 토대로 레비나스적 정치, 소위 윤리적 정치가 무엇일 수 있는지를 그려 본 후, 레비나스 철학이 가지고 있는 한계와 그 의의를 몇몇 관점에서 조망해 볼 것이다.

2장 레비나스 정치 사유의 토대

레비나스는 자신의 지난날을 "나치의 공포에 대한 예감과 그것에 대한 기억이 지배한"[1] 삶이라고 묘사한 바 있다. 나치즘과 홀로코스트의 경험은 레비나스의 사유를 야기한 부정할 수 없는 한 축, 아니 어쩌면 그의 철학을 배태한 근원적인 문제의식이자 그가 해결하고자 하는 궁극적인 사안일 것이다. 그는 유럽의 철학을 전면적으로 재검토한 후 그것이 안고 있는 전체주의적인 면모를 확인한다. 유럽의 철학이 이성이나 정신, 국가나 역사를 중심에 놓고 타자와 세계를 파악하는 한, 그것은 자기중심성과 전체성, 그리고 이것들이 야기하는 폭력성의 문제로부터 자유로울 수 없다는 것이 그의 진단이다. 레비나스는 나와 타자의 관계를 윤리의 관점에서 새롭게 조명하고, 이를 기초로 자신만의 독특한 정치철학을 전개한다. 우리는 거기서 전쟁과 폭력을 마감하고 선과 평화의 관계로 나아가기 위한 그 나름의 고민과 대안을 확인할 수 있다. 이번 장에서 우리는 레비나스 정치철학의 바탕을 이루는 주요 계기들을 살펴볼 것이다.

---

1) E. Levinas, "Signature", *Difficile Liberté*, Albin Michel, 1976, p.434.

1. 타자와 타자의 얼굴

레비나스에 따르면, 인간으로서의 동일자는 분리된 존재인 한에서 자신의 내면성 및 자신이 파악한 세계의 안정성을 유지하려 한다. 동일자는 자기에게 낯설게 다가오는 타자를 자기화함으로써 삶을 이어 나가는데, "세계의 '타자'에 맞서는 자아의 방식은 세계 속에서 자기 집에 실존함으로써 체류하고 자신을 동일화하는 데에 있다".[2] 레비나스가 언급한 신체, 집, 노동, 소유, 경제와 같은 "동일화의 '계기들'"[3]은 동일자의 자기중심적 삶의 방식으로, 동일자가 구축한 세계에 복무하며 자기가 관장할 수 있는 세계를, 일종의 전체성을 이루어 낸다. 이런 일은 결코 완결적일 순 없지만 삶이 유지되는 데 필수적인 것이다. 이럴 때 나와 세계의 관계는 소유대상과의 관계다. 세계가 가진 타자성은 동일자의 능력에 종속되며, 그런 한에서 절대적이지 않은, 언제나 상대적인 타자성으로 머물고 만다. 레비나스는 이런 식의 관계 방식이 결코 담아낼 수 없는 타자, 동일자적 삶의 태도로서는 결코 다가설 수 없는 타자, 나와의 관계 속에서도 결코 완전히 드러나지 않는 타자를 이야기한다. 그가 바로 타인이다.[4]

---

2) E. Levinas, *Totalité et infini: Essai sur l'extériorité*, Martinus Nijhoff, 1961, p.7[에마뉘엘 레비나스, 『전체성과 무한: 외재성에 대한 에세이』, 김도형·문성원·손영창 옮김, 그린비, 2018, 33~34쪽].
3) *Ibid.*, p.8[34~35쪽].
4) 레비나스는 타자(autre)와 타인(autrui)을 구분하여 쓴다. 두 단어는 공히 나의 이해와 지식을 넘어선, 포섭 불가능한 바깥을 의미한다. 허나 타자가 나에게 완전히 포착될 수 없는 것을 의미하는 한에서 인간뿐 아니라 자연이나 신으로까지 확장되는 반면, 타인은 부름과 응답(책임)의 관계를 염두에 둔 인격적인 존재에 국한된다. 이에 타자가 타인으로 한정되는 건 아니지만, 윤리적 책임과 관련하여 사용될 경우 타자는 타인으로 읽어도 무방하다. 레비나스의 정치철학을 논하는 이 책에서도 타자와 타인은 동일한 함의를 갖는다. 나는 이 점을 이전의 논문에서 언급한 바 있다(김도형, 「레비나스의 인권론 연구: 타인의 권리 그리고 타인의 인간주의에 관하여」, 『대동철학』 60집, 대동철학회, 2012, 8쪽 각주 16).

물론 사람들은 세계 속에서 타인이 사물처럼 다뤄지는 것은 아니지만 사물로부터 완전히 분리될 수 없다고 생각할 수 있을 것이다. 그럴 경우 타인은 그가 처한 사회적 환경을 통해 접근되고 사람들은 그를, 그를 둘러싸고 있는 외부의 것들과 관련시킨다. 레비나스는 이런 식의 접근 방식을 긍정적인 것으로 여기지 않는다. 그럴 경우 타인은 "그가 입은 옷 자체에 의해 지배되는 대상"[5]으로 전락할 수 있다고 보기 때문이다. 레비나스에서 타인은 '옷을 입은 존재'가 아니다. 사회적 관계들이 부여하는 형식과 외관은 타자를 결코 그 자체로서 드러내지 못한다. 레비나스에서 타인은 모든 사회적 제약과 형식에서 풀려난 타자, 그런 의미에서 절대적 타자다. 따라서 그는 나와 동연(同然)적이지 않다. 타자는 동일자에 정복되거나 동화될 수 없으며, 그런 타자와 나 사이에는 그 무엇으로도 뛰어넘을 수 없는 심연이 놓여 있다. 타자와 맺는 관계는 앎이나 이해의 지평을 넘어서고 또 그것에 앞서 있다. 레비나스는 타자와의 관계인 윤리가 나와 타자가 맺는 근원적인 관계라고, 이 관계를 다루는 윤리학이 제일철학이라고 주장한다.

타자의 이런 면모를 잘 보여 주는 것이 '얼굴'에 대한 레비나스의 해석이다. 주지하다시피 레비나스에 있어 얼굴은 매우 특별한 위치를 갖는다. 타자는 얼굴로 드러난다. 나와 타자가 맺는 책임의 관계 한 가운데 타자의 얼굴이 있다. "얼굴에 접근하는 것이 윤리"[6]라는 레비나스의 언급은 이를 명시적으로 보여 준다. 레비나스가 인간의 얼굴에 주목한 유일한 철학자는 아니겠지만, 얼굴을 핵심적인 주제로 삼은 유일한 철학자인 것은 확실

---

5) E. Levinas, *De l'existence à l'existant*, Vrin, 1986, p. 60[에마뉘엘 레비나스, 『존재에서 존재자로』, 서동욱 옮김, 민음사, 2004, 63쪽].
6) E. Levinas, *Éthique et infini: Dialogues avec Philippe Nemo*, Fayard, 1982, p. 79[에마뉘엘 레비나스, 『윤리와 무한』, 양명수 옮김, 다산글방, 2000, 109쪽].

하다.[7] 얼굴 개념이 최초로 등장한 것은 『시간과 타자』에서다. 그는 타인과의 관계를 사물과 맺는 관계와 구분하면서, 타인과 맺는 관계를 타인과의 대면으로, 얼굴과의 만남으로 묘사한다. 거기서 기술된 얼굴의 주된 특성은 얼굴이 타인을 알리는 동시에 숨긴다는 데 있다.[8] 얼굴 개념이 적극적으로 기술된 것은 그의 주저라 할 수 있는 『전체성과 무한』이다. 『전체성과 무한』에서 얼굴이란 모티브는 서문에서부터 환기된다. "우리는 전체성의 경험으로부터 출발하여 전체성이 깨지는 상황으로 나아갈 수 있다. 그래서 이 상황이 전체성 자체를 조건 짓게 하는 데로 나아갈 수 있다. 이러한 상황은 타인의 얼굴에 나타난 외재성의 섬광이거나 초월의 섬광이다."[9] 이런 최초의 환기가 간결하고 압축적이라 할지라도, 이것은 레비나스의 사유에서 얼굴이 갖는 위치를 밝혀 준다. 얼굴은 외재성이 드러나는 장으로서, 서양 철학을 지배하는 전체성 개념을 깨뜨리고 그 너머로 나아가는, 사유나 언어에 결코 갇히지 않는 무한 내지 초월을 의미한다.[10]

여기서 우리는 다음과 같은 것들을 물어봐야 한다. 얼굴에 접근한다는 것은 무엇을 의미하는가? 얼굴의 나타남과 대상의 나타남 사이에는 어떤 차이가 있는가? 어떻게 얼굴이 전체성의 주도권을 깨뜨릴 수 있는가? 종국적으로, 레비나스는 타자의 얼굴을 내세우면서 어떤 새로움을 말하고자

---

7) R. Burggraeve, "Violence and the Vulnerable Face of the Other: The Vision of Emmanuel Levinas on Moral Evil and Our Responsibility", eds. C. Katz and L. Trout, *Emmanuel Levinas IV: Beyond Levinas*, Routledge, 2005, p.66 참조.

8) E. Levinas, *Le Temps et l'autre*, Fata Morgana, 1979, p.67[에마뉘엘 레비나스, 『시간과 타자』, 강영안 옮김, 문예출판사, 1996, 91쪽] 참조.

9) Levinas, *Totalité et infini*, p.xiii[『전체성과 무한』, 13쪽].

10) H. Kenaan, *Visage(s): une autre éthique du regard aprés Levinas*, l'éclat, 2008, pp.59~62 참조.

하는가?

일상적으로 다른 사람의 얼굴은 우리에게 어떤 인상을 불러일으킨다. 그러면 우리는 우리에게 드러난 '볼 수 있는 것'에 기초해서 그에 관해 생각한다. 다시 말해 우리는 얼굴을 보면서 그의 성격, 사회적 지위, 상황, 과거의 삶, 나아가 우리가 그를 이해하고 설명하게 되는 어떤 맥락을 떠올린다. 이렇게 그는 자신의 외모가 시각과 재현에 제공하는 것과 일치하는 것으로 여겨지고, 그렇게 밝혀진 차이에 의해 비교된다.[11] 레비나스는 이런 방식으로 얼굴에 접근하는 것에 전혀 동의하지 않는다. 더욱 근본적인 것은 레비나스가 얼굴을 생김새나 표정과 같은, 묘사될 수 있는 외향적 특징들과 전혀 무관한 것으로 간주한다는 점, 그러니까 얼굴을 현상이나 시각의 대상으로 보지 않는다는 점이다. 얼굴은 감각적인 ── 레비나스의 표현을 빌리자면 '조형적인'(plastique) ── 형상이나 윤곽 따위가 아니라는 것이다. 얼굴은 여타의 사물과는 달리 전체의 한 부분이나 전체와 관련한 한 기능으로 파악하고 규정하는 것이 근본적으로 불가능하다.

> 당신은 얼굴을 묘사하기 위해 코, 눈, 이마, 턱을 볼 것이다. 그러나 이것은 마치 대상처럼 타인에게 접근하는 것이다. 타인을 만나는 더 나은 방식은 그의 눈 색깔마저도 보지 않는 것이다. 사람들이 눈 색깔을 관찰할 때, 그는 타인과의 사회적 관계 속에 있지 못하게 된다.[12]

그렇다고 얼굴이 우리가 정신분석학적으로 꿈을 해독하듯 그 나름의

---

11) Burggraeve, "Violence and the Vulnerable Face of the Other", p. 49 참조.
12) Levinas, *Éthique et infini*, pp. 79~80[『윤리와 무한』, 109~110쪽].

해석을 요구하는 암호화되어 있는 이미지나 상징인 것도 아니다.[13] 레비나스는 얼굴을 이해나 인식의 대상으로, 대상 인식의 매개로 보는 입장에 반대한다. 왜 그런가? 레비나스는 말한다.

'이해'(comprehension)라는 단어에서 우리는 거머쥠(prendre)의 사태, 싸잡아 쥠(comprendre)의 사태, 즉 포섭과 전유의 사태를 확인한다. 모든 앎에는, 모든 인식에는, 모든 이해에는 이런 요소들이 있다. 언제나 어떤 것을 우리 자신의 것으로 만들려는 사태가 있는 것이다.[14]

얼굴의 참된 의미는 그 외향으로, 외향에서 비롯하는 나의 이해로 귀착하지 않는다. 오히려 이런 것들은 얼굴과의 진정한 만남을 방해할 뿐이다. 레비나스가 얼굴을 시각의 대상으로 보지 않는 이유는 시각의 특성과 관련 있다. 플라톤이 묘사한 것처럼, 시각은 눈과 지각된 대상 사이의 일치를 가정하면서, 눈과 대상 바깥에 빛을 전제한다. 따라서 얼굴을 시각의 대상으로 여기면 얼굴 밖에 얼굴의 봄을 가능케 하는 그 무엇을, 얼굴을 드러나게 하는 지평을, 얼굴을 밝히는 빛을 상정하는 일을 피할 수 없게 된다. 얼굴은 언제나 빛 속에 나타난 얼굴이며, 그런 점에서 빛이 가능케 하는 얼굴이다. 시각 속에서 얼굴은 언제나 빛에 의해 매개된다. 더욱이 레비나스는 시각과 촉각의 친화성에 주목한다. 시각이 가능케 하는 재현은 촉각이 가능케 하는 노동으로 전이될 수 있기 때문이다. 시선이, 사물을 포착하고 붙잡아

---

13) J. Rolland, *Emmanuel Levinas: L'éthique comme philosophie première*, Cerf, 1993, p.361 참조.
14) E. Levinas, "The Paradox of Morality: An Interview with Emmanuel Levinas", ed. R. Bernasconi, *The Provocation of Levinas: Rethinking the Other*, Routledge, 1988, p.170.

나의 것으로 만드는 손을 인도하는 것은 우연이 아니다. 손은 대상을 향해 보내지고 시선이 열어 준 궤적을 따라 전진한다. 시각 속에서 "대상은 결국 파악되고 접촉되며 잡히고 가져와지"게 된다.[15] 그런 한에서 그것은 무엇보다 내가 관장하는 범위 내로 돌아옴을 함축하는 여정이며, 시선은 그 목표가 회귀인 출발이라 할 수 있을 것이다.[16] 보는 눈은 잡는 손이다.

얼굴이 시선에 국한되는 것이 아니라면, 얼굴이 우리의 이해와 조작을 넘어서 있는 것이라면 우리는 어떤 방식으로 얼굴과 관계할 수 있는가? 레비나스는 봄이 아니라 말의 관점에서 나와 타자의 관계를 해명한다.

> 말은 봄과 대조된다. 인식이나 시각 속에서는 보이는 대상이 분명히 어떤 행위를 규정할 수 있다. 하지만 그 행위는 '보여진 것'을 특정한 방식으로 전유하고, 보여진 것에 의미를 부여하면서 그것을 세계로 통합하고, 결국 그것을 구성한다. 대화 속에서는 나의 주제로서의 타인과 한순간 그를 붙잡는 듯이 보일 주제로부터 해방된 나의 대화 상대자로서의 타인 사이에서 불가피하게 틈이 드러나며, 이 틈은 내가 나의 대화 상대자에게 부여한 의미에 즉시 이의를 제기한다.[17]

얼굴과 맺는 관계, 그것은 대화(discours)[18]의 관계다. 타자는 얼굴을

---

15) Levinas, *Totalité et infini*, p.165[『전체성과 무한』, 281쪽].
16) Kenaan, *Visage(s)*, p.67 참조.
17) Levinas, *Totalité et infini*, p.169[『전체성과 무한』, 287쪽].
18) 레비나스는 '대화'를 뜻하는 단어들 가운데 일상적으로 사용되는 'dialogue'가 아니라 'discours'를 선호한다. 왜 'dialogue'가 아니고 'discours'인가? 'dialogue'는 '통과하여', '사이로'를 의미하는 'dia'와 '말'을 의미하는 'logue'의 합성어로, 프랑스어 사전 『르프티로베르』(*Le Petit Robert*) 1991년판에는 '두 사람 사이의 대화'라는 뜻으로 풀이되어 있다. 이렇듯

통해 나에게 다가온다. "얼굴은 말한다."[19] 더 정확히 말하자면 호소하고 명령한다. 따라서 타자의 얼굴에 대한 우리의 첫 번째 반응은 그의 얼굴을 보는 것이 아니라 그의 말을 듣는 것, 그의 말에 응답하는 것일 수밖에 없다. 타자의 부름에 응답하고 책임을 다하는 것이야말로 레비나스가 제시하는 나와 타자의 원래적 관계 양상이다. 타인을 보는 것이 타인을 세계의 대상 중 하나로 간주하는 것이자 나로부터 출발하여 타자를 구성하는, 자율성과 능동성에 기초한 작업이라면, 타인을 듣는 것은 그의 극복 불가능한 타자성과 초월성을 인정하고 받아들이는 것이다. 그런 한에서 들음은 타율성과 수동성에 기초해 있다고 할 수 있겠다.

레비나스는 "얼굴이 타자의 벌거벗음"이라고 주장한다.[20] 이것이 의미하는 바는 무엇인가? 벌거벗었다는 것, 그것은 파악하고 장악할 수 있는 그 어떤 것으로도 가려지지 않는다는 것, 어떤 규정에 의해서도 고정되거나 규정되지 않은 채 전적으로 노출되어 있다는 것을 뜻한다. "벌거벗음은 모든 형상으로부터 해방되었으나 그 자신에 의한, 그 자체의(καθ' αὐτό) 의미를 가지고 있다. 그것은 우리가 거기에 빛을 투사하기 전에 의미를 지닌다. 이 벌거벗음은 ── (선이니 악이니 아름다움이니 추함이니 하는) ── 양가

'dialolgue'에는 균형, 상호성, 대칭적 말의 교환이라는 관념이 있다. 나-너 같은 것 말이다. 하지만 'discours'는 '떨어져, 다른 방향으로'를 의미하는 'dis'와 '흐르다', '달리다'를 의미하는 'cours'의 합성어로, 『르프티로베르』(1991)에는 '사람들이 일반적으로 가지고 있는 생각'이란 뜻 이외에도 '여러 사람들 앞에서 행해지는 웅변식의 설명'이나 '직관에 대립되는 논증적인 생각' 등으로 풀이되어 있다. 이렇듯 'discours'에는 수직성, 가르침, 불균형이라는 관념이 있다. 레비나스가 'discours'를 즐겨 사용하는 것 역시 이 단어의 어원학적 의미와 무관치 않을 것이다. 자세한 내용은 F. Z. S. Hernádez, *Vérité et justice dans la philosophie de Emmanuel Levinas*, L'Harmattan, 2009, p. 202 참조.

19) Levinas, *Totalité et infini*, p. 37[『전체성과 무한』, 84쪽].
20) E. Levinas, "Visage et violence première", *Emmanuel Levinas, Europe*, no. 991~992, 2011, p. 53.

적인 가치의 바탕 위에서 결핍으로 나타나는 것이 아니라, **언제나 실정적인** (positif) **가치**로 나타난다."[21] 그래서 얼굴은 우리에게 무방비한 상태로 드러나지만, 동시에 헤아릴 수 없는 깊이를 지닌 것으로, 곧 무한과 초월로 드러난다.[22] 이 벌거벗음이야말로 얼굴에 대한 레비나스의 새로운 이해를 가능케 한다. 우리는 그가 얼굴을 설명하기 위해 사용한 단어가 '에피파니'(épiphanie), '계시'(révélation), '방문'(visitation)과 같은 것이라는 점에 주목해야 한다. 이런 것들은 필연적으로 주체를 놀래키는 사건과 같은 것을 의미하기 때문이다.

이상의 논의를 기초로, 레비나스에서 타자의 얼굴이 갖는 특징을 몇 가지로 정리해 볼 수 있을 것이다.[23]

첫째, 타자의 얼굴은 나의 이해와 재현, 범주와 개념적 틀에 포섭되지 않는, 타자의 무한과 외재성을 지시한다.

타자가 **내 안에 있는 타자의 관념**을 넘어서면서 자신을 제시하는 방식을 우리는 얼굴이라고 부른다. 이러한 **방식**은 내 시선 아래에서 주제로 모습을 나타내는 데서 성립하지 않으며, 하나의 이미지를 형성하는 성질의 총체로 스스로를 펼치는 데서 성립하지도 않는다. 타인의 얼굴은 매번 그것이 내게 남겨 놓은 가변적 이미지를 파괴하고 그 이미지를 넘어선다. 나의 척도와 그 **관념의 대상**의 척도에서 받아들여진 관념을, 다시 말해 적합

---

21) Levinas, *Totalité et infini*, p. 47[『전체성과 무한』, 99쪽].
22) 문성원, 『해체와 윤리: 변화와 책임의 사회철학』, 그린비, 2012, 113쪽 참조.
23) E. Jordaan, "Cosmopolitanism, Freedom, and Indifference: A Levinasian View", *Alternatives: Global, Local, Political*, vol. 34, no. 1, 2009, p. 95 참조. 이하의 얼굴에 관한 논의는 김도형, 「레비나스의 인권론 연구」, 8~9쪽을 수정 보완한 것이다.

한 관념을 파괴하고 넘어선다.[24]

얼굴은 우리 앞에 현전하지만 우리는 그것을 포착하거나 관통할 수 없다. 우리가 얼굴을 통해 타자와 관계한다 하더라도 그 관계 속에서 얼굴이 절대적인 것으로 남는다는 것은 바로 이 때문이다. 드러나 있지만 장악할 수 없다는 것이야말로 얼굴이 갖는 주된 특성이다. 중요한 것은 "얼굴이 인식되지 않는 이유가 우리와 얼굴이 맺는 관계가 의미를 갖지 않기 때문이 아니라, 그 관계가 얼굴의 구성으로 귀착하지 않기 때문"[25]이라는 점이다. 얼굴은 나의 의미부여(Sinngebung)를 넘어서 그 자신에 의해(καθ' αὐτό) 스스로를 표현한다. 레비나스가 타자와의 관계를 일컬어 '가르침을 받는다'는 식으로 설명하는 것도 이와 무관치 않다. "얼굴은 절대적으로 낯선 영역으로부터 우리 세계로 진입한다. [……] 얼굴의 의미작용은 그 용어의 문자적 의미에서 비상(非常)하며 모든 질서와 모든 세계에 외재적이다."[26] 타자의 얼굴은 인식의 대상으로서의 현상을 벗어나지만, 우리의 이해와 척도를 벗어나는 방식으로 우리의 삶 속에서 구체적인 것으로 우리와 관계함을 나타낸다.[27] 이런 점에서 얼굴의 드러남은 무한의 현전, 더 정확히는 무한의 흔적이라 할 법하다.

둘째, 타자의 얼굴은 나와 타자의 만남의 직접성을 의미한다. "얼굴은

---

24) Levinas, *Totalité et infini*, p. 21 [『전체성과 무한』, 56~57쪽].

25) E. Levinas, "Liberté et Commandement", *Liberté et commandement*, Fata Morgana, 1994, p. 53.

26) E. Levinas, "La Signification et le Sens", *Humanisme de l'autre homme*, Fata Morgana, 1972, p. 52.

27) 문성원, 「안과 밖, 그리고 시간성: 현상에서 윤리로」, 『시대와철학』 22권 2호, 한국철학사상연구회, 2011, 91쪽 참조.

결국 직접적인 것의 개념을 묘사하게 해준다"[28]고 레비나스는 말한다. 이 것은 무슨 말인가? 레비나스에서 나와 타자의 만남은 대면(face-à-face)으로 이뤄진다. 그에 따르자면 타자의 얼굴은 "낱말들에 앞서, 세계의 고유명사와 명칭과 영역들을 통해 부여되거나 뒷받침되는 내용을 벗어나"[29] 있다. 특정한 형식이나 틀에 갇히지 않은 채, 삶의 물질성으로 우리를 이끄는 것이 얼굴인 것이다. 그렇기에 얼굴과 마주하는 관계는 그 어떤 앞선 경험이나 인식에도 연유하지 않는, 그 어떤 매개도 없는 구체적이고도 예외적인 관계라 할 법하다.[30] 레비나스에서 윤리의 출발점은 보편적이거나 추상적인 누군가가 아니라 타자, 더 정확히는 나와 마주한 자, 내게 직접 호소하고 명령하는 자다. 레비나스가 『전체성과 무한』에서 타자의 사례로 이방인, 고아, 과부를 든 것이나, 『존재와 달리 또는 존재성을 넘어』에서 이웃을 논의한 것도 이와 무관치 않다. 그들은 자신의 얼굴 속에서 그 비참함을 통해 우리에게 간청한다. 이런 마주함의 직접성이야말로 레비나스 철학의 특징을 이루는 주요 요소라고 할 수 있겠다. 당연한 얘기겠지만, 나와 타자가 대면한다고 해서 나와 타자가 동일한 지평 속에 있다고 생각해서는 안 된다. "얼굴은 내 앞에 있는 것이 아니라 내 위에"[31] 있다고 레비나스는 주

---

28) Levinas, *Totalité et infini*, p.22[『전체성과 무한』, 58쪽].

29) E. Levinas, "Totalité et infini: Préface à l'édition allemand", *Entre nous*, Grasset, 1991, p.233.

30) "우리는 나에게 비매개적/직접적으로, 바로 그런 이유로 외재적으로 현시하는 것의 에피파니를 **얼굴**이라 부른다"(E. Levinas, "La philosophie et l'idée de l'infini", *En découvrant l'existence avec Husserl et Heidegger*, Vrin, 2001, p.240).

31) E. Levinas, "Dialogue with Emmanuel Levinas", ed. R. A. Cohen, *Face to Face with Levinas*, State University of New York Press, 1986, p.23. 참고로 레비나스는 나와 타자의 이런 관계를 데카르트의 신 관념을 빌려 설명한다. 자세한 내용은 Levinas, *Totalité et infini*, pp.22~23[『전체성과 무한』, 59~60쪽] 참조.

장한다. 이 높이의 차원이 의미하는 것이 바로 나와 타자의 비대칭성, 나에 대한 타자의 초월이다.

셋째, 타자의 얼굴은 나의 자족성과 에고이즘을 깨뜨리는 윤리적 명령이자 타자를 책임지라는 윤리적 요구다. 벌거벗은 얼굴은 "죽이지 말라"고 우리에게 호소하고 명령한다. "죽이지 말라"는 얼굴의 이 명령이 의미하는 바는 무엇인가? 레비나스는 여러 곳에서 이 명령에 담긴 의미를 다음과 같이 표현한다. 다소 길고 내용이 중복되는 듯하지만 인용할 가치가 있다. "죽이지 말라"는 단순한 표현이 안고 있는 추상성을 레비나스의 입을 통해 구체화하고 있기 때문이다.

> 얼굴과 관련하여, 나는 타자의 대지의 찬탈자로서 드러난다. 스피노자가 **코나투스 에센디**(Conatus essendi)라고 불렀던, 모든 이해가능성의 기본 원리로 규정되었던 '존재 권리'는 얼굴과의 관계에 의해 도전받는다. 그런 이유로, 타자에게 책임을 져야 한다는 나의 의무는 자기-보존이라는 나의 자연적인 권리, 즉 **생존권**을 중단시킨다. …… 얼굴의 상처받을 수 있음에 나 자신을 노출시키는 것은 나의 존재론적인 실존 권리를 문제 삼는 것이다. 윤리에서, 타자의 실존 권리는 나의 실존 권리에 대해 우선성을 갖는다. 그 우위는 다음의 윤리적 경구에 잘 드러난다. "죽이지 말라, 너는 타자의 생명을 위태롭게 하지 마라."[32]

성경에서도 그렇다. 구약에는 "죽이지 말라"는 6번째 계명이 있다. 이것이 의미하는 것은 단지, 항상 총질을 해대는 주변에 가서는 안 된다는 것

---

32) Levinas, "Dialogue with Emmanuel Levinas", p.24.

이 아니다. 오히려 그것은 당신의 삶의 와중에, 다른 방식으로 당신은 누군가를 죽이고 있다는 사태와 관련된다. 예를 들어, 우리가 아침에 테이블에 앉아 커피를 마실 때, 우리는 커피를 갖지 못한 에티오피아인을 죽이고 있다는 얘기다. 그 명령은 이런 의미로 이해되어야 한다.[33)]

이렇듯 "죽이지 말라"는 단순한 행동규칙이, 칸트식의 보편적 도덕법칙이 아니다. 현상의 영역 너머에 도덕을 위치시켰다는 점에서 칸트와 레비나스는 유사한 입장을 취하곤 있으나, 레비나스에선 칸트식의 형식주의나 상호주의가 들어설 여지가 전혀 없다. 실천이성이나 의지를 통해 확보되는 주체의 자율성 역시 레비나스에겐 부차적인 것에 불과하다. 레비나스에서 "죽이지 말라"는 명령이 요구하는 것은 직접적인 응답이다. "죽이지 말라"는 이념적인 목표나 정신의 지성주의를 통해 드러나지 못한다. 그것을 긍정적인 방식으로 표현하자면, "자신의 입에서 빵을 꺼내는 것이며, 자신의 굶주림으로 타자의 배고픔을 먹이는 것"[34)]으로까지 확장되는 나의 책임이다. 레비나스가 "증여", "인질", "박해", "출혈"이란 단어로 표현하려는 것도 책임이 내포하는 이 절박한 구체성이다.

여기서 중요한 것은, 얼굴의 호소와 명령에는 어떤 강제나 억압도 없다는 점이다. "얼굴은 힘이 아니라 권위"[35)]라고 레비나스는 말한다. 그렇다면 얼굴의 권위는, 얼굴의 명령은 어디서 기인하는가? 그의 설명은 다소 역설적이다.

---

33) Levinas, "The Paradox of Morality", p.173.
34) E. Levinas, *Autrement qu'être ou au-delà de l'essence*, Martinus Nijhoff, 1974, p.72.
35) *Ibid.*, p.169.

얼굴은 비참함이다. 얼굴의 벌거벗음은 가난함이고 나를 향하는 직선성 속에서의 애원이다. 그러나 이런 애원은 요구다. 낮음은 높음과 합쳐진다. 그리하여 [얼굴의] 방문의 윤리적 차원이 진술된다.[36]

타자는 가장 부유한 존재자이고 또 가장 가난한 존재자이다. 타자가 가장 부유한 것은, 윤리적 수준에서 타자가 항상 나 이전에 온다는 점에서, 타자의 존재할 권리가 나의 존재할 권리에 앞선다는 점에서다. 타자가 가장 가난한 것은, 존재론적 수준 혹은 정치적 수준에서 나 없이 타자는 아무것도 할 수 없다는 점에서, 타자는 완전히 상처받기 쉬우며 완전히 노출되어 있다는 점에서다.[37]

얼굴의 상처받을 수 있음, 곧 나에게 살해 금지를 명령하는 이 얼굴은 아무런 보호도 없이, 방어도 없이 자신을 현시한다. 그 벌거벗음은 이 세계 속에 자리를 갖지 못한다는 점을, 그리하여 자신의 나약함과 굶주림을 드러낸다. 그럼으로써 나에게 책임을 명령하고 나의 주권적 삶을 문제 삼는다. 얼굴의 도덕적 호소력은 얼굴이 동일성의 영역에서 어떤 자리도 갖지 못하고 어떤 저항도 불가능할 만큼 약하다는 사실에서 기인한다. 다른 말로 하자면 그 명령의 권위는 힘의 위협을 지니는 대신 연약함 속에서 발생한다. "결국, 얼굴을 해석하는 일은 얼굴을 도덕적 용어로 생각하기를 요구한다. 얼굴은 힘이라는 발상 밖에서 생각되어야 한다. …… 권위는 역설이다. 권위와 도덕성은 역설이다"[38]는 말에서 분명히 드러나듯, 얼굴은 궁핍

---

36) Levinas, "La Signification et le Sens", p.52.
37) Levinas, "Dialogue with Emmanuel Levinas", pp.27~28.

하기에 명령할 수 있다. 타자의 얼굴이 "나의 능력들의 약함에 도전하는 것이 아니라, 내 능력의 능력에 도전"[39]한다는 식의 주장이 성립하는 것도 이 때문이다. 그런 한에서 얼굴의 이 저항은 존재의 질서에서 연유하는 게 아니라 내가 어떠한 권한도 행사할 수 없는 곳에서, 단순한 바깥이 아닌 높이에서 기인한다고 해야 할 것이다. 레비나스가 얼굴의 이 저항을 "아무런 저항도 없는 것의 저항", 다시 말해 "윤리적 저항"[40]이라고, "힘의 맞섬이 아닌 얼굴의 맞섬, …… 평화적 맞섬"[41]이라고 말한 것도 이 때문이다. 레비나스는 이렇게 얼굴의 이중적인 측면을, 얼굴의 애매성을 강조한다. 이런 얼굴에 다가가는 것이, 그러니까 그 호소에 응답하는 것이 윤리다.

2. 그 자신에 내맡겨진 정치[42]

레비나스는 전통적인 정치사상에 대해서 심각하게 의문을 제기한다. 하지만 레비나스는 서양의 주류 정치철학자들과 거의 대결하지 않는다. 레비나스의 타율성의 윤리가 서양의 윤리적 사유의 정초인 자율성과 대결하는 것처럼, 레비나스의 정치 사유는 서양의 전통적 정치철학에서 강조되는 전제들을 공격한다. 나의 자기 충족성, 나의 자유 그리고 이에 기초한 정치, 이런 것들이야말로 레비나스가 비판하는 주된 대상이다. 서양의 정치 사유에 대한 레비나스의 비판은 토머스 홉스처럼 개인에 기초하여 정치의

---

38) Levinas, "The Paradox of Morality", p.175.
39) Levinas, *Totalité et infini*, p.172[『전체성과 무한』, 291쪽].
40) *Ibid.*, p.173[295쪽].
41) Levinas, "Liberté et Commandement", p.46.
42) 이 절은 김도형, 「레비나스 철학의 사회철학적 함의: 레비나스의 윤리와 정치」, 『대동철학』 50집, 2010의 3절을 수정 보완한 것이다.

문제를 검토하는 근대 정치사상가들에게 가장 잘 적용된다.[43] 실제로 그는 "홉스 이래로 정치철학은 개인으로부터 국가의 사회적 혹은 정치적 질서를 도출하고자 했으며 또 도출하는 데 성공했다"[44]고 평가하기까지 한다.

주지하다시피 홉스의 정치철학의 전제는 '자기 보존을 위해 무한히 욕망을 추구하는 이기적 존재자로서의 개인'이다. 거기서 나와 타자의 근원적 관계는 투쟁으로 정의되며, 나와 타자의 근원적 관계의 계기는 죽임당함에 대한 공포로 설정된다. 삶을 위협하는 투쟁과 경쟁의 맥락에서 인간은, 또 그의 이성은 자기 이외의 어떤 것도 중시하지 않으며, 이에 기초한 사회 역시 개체들을 위한 수단적 가치만을 지닌다. 다시 말해 너 또는 사회가 고려되는 것은 언제나 '나의 이해'와 관련해서다. 거기서 논의되는 자연법이나 도덕적 미덕들 역시 마찬가지다. 거기서 내세워지는 상호성이나 공평의 문제, 이를 가능케 하는 시민사회의 법과 신의계약 이면에는 나의 고유한 권리의 절대적 보장이라는 근원적인 목표가 내재해 있다. 윤리적 삶 역시 정치 질서와 공동의 공적 권위의 완전성에 의존할 수밖에 없다고 판단한 것이다.[45] 우리는 홉스가 자기 보존의 권리에 기초하여 인간과 사회적 관계의 가능성을, 국가와 정치 질서의 정당성을 확립하려 했다고 평가할 수 있을 것이다.

이런 맥락에서 우리는 정치에 대한 레비나스의 부정적 정의(定義)를 만나게 된다. "전쟁을 예측하고 모든 수단을 다해 승리하는 기술인 정치는

43) W. P. Simmons, *An-Archy and Justice: An Introduction to Emmanuel Levinas's Political Thought*, Lexington Books, 2003, p.66 이하 참조.
44) E. Levinas, "La souffrance intuile", *Entre nous*, Grasset, 1991, p.111.
45) C. L. Hughes, "The Primacy of Ethics: Hobbes and Levinas", eds. C. Katz and L. Trout, *Emmanuel Levinas II: Levinas and the History of Philosophy*, Routledge, 2005, p.147 참조.

그렇게 함으로써 스스로가 이성의 실행인 것처럼 행세한다."[46] 이런 정치는 자율적 자기들의 투쟁에 기초해 있는 부정적 정치이며, 그것의 주된 목적은 개인의 욕망을 구속하는 것이다. 정치에 대한 레비나스의 주된 입장은 그가 정치를 '전쟁 상태'로 특징짓는다는 데에 있다. 레비나스의 견지에서 정치는 전쟁 그 자체이며, 전쟁이란 정치의 한 면모일 뿐이다.[47] 레비나스의 이런 판단은 무엇에서 기인하는가? 그는 전쟁의 특성을 다음과 같이 언급한다.

전쟁은 누구도 거리를 둘 수 없는 질서를 만들어 낸다. 이제는 아무것도 외부에 있지 않다. 전쟁은 외재성을 보여 주지 않으며, 타자로서의 타자를 보여 주지 않는다.[48]

위의 인용문에서 잘 드러나듯, 레비나스가 전쟁을 문제 삼는 것은 전체성과 관련해 있다. 거부할 수 없는 객관적 질서를 통해 개인을 강제하고 도덕을 무화시키는 전쟁의 속성이 바로 전체성에 기반해 있다는 것이다. 레비나스는 전쟁을 분석함에 있어 그 중심으로 삼았던 전체성의 문제가 정치의 영역에서도 작동하고 있다고, 정치 또한 궁극적으로 전제정치가 될 수 있다고 진단한다. 정치가 "보편적인 것의, 그리고 비인격적인 것의 전제정치 [……] 비인간적 질서"[49]로 귀결될 수 있음을 경고하는 것이

---

46) Levinas, *Totalité et infini*, p.IX[『전체성과 무한』, 7쪽].
47) E. Dussel, "'The Politics' by Levinas: Towards a 'Critical' Political Philosophy", eds. A. Horowitz and G. Horowitz, *Difficult Justice: Commentaries on Levinas and Politics*, trans. J. Rodriguez, University of Toronto Press, 2006, p.79 참조.
48) Levinas, *Totalité et infini*, p.X[『전체성과 무한』, 8쪽].
49) *Ibid.*, p.219[367쪽].

다. 이해관계와 관련한 힘들의 관계를 조절하는 정치, 그리고 구체적 형태로서의 국가가 비인격적인 권력의 남용에 그 자신을 내맡길 때 발생하는 위험은 엄청나다. 국가의 이성은 그것이 합법적인 경우라 하더라도 폭력적일 수 있기 때문이다. 국가의 제도는 자신의 고유한 논리를 가지고 있으며, 추상화와 형식주의로부터 자신의 실효성을 입증하려 한다. 그런 한에서 "작품(œuvre)들을 통해 자신의 본질을 실현하는 국가는 전제정치로 미끄러져 들어가며, 경제적 필요들을 거쳐 내게 낯선 것으로 되돌아오는 이런 작업 결과들로부터 **나의 부재**를 입증한다".[50] 국가는 주체의 개별성을 자신 속으로 끌어들이고 자기 내부에서 주체의 자리를 할당함으로써 오히려 주체가 자신을 배반토록 강제한다. 이런 관점에 보자면 정치는 인간의 유일성을 파괴하는 일인 동시에 그것을 배열하고 배치하는 일이라 평가할 수 있겠다.

레비나스가 비인격적인 제도를 신뢰하지 않는 이유는 소위 합리성이 각 개인의 유일성을 부정하거나 왜곡시키는 일과 연관되어 있다고 보기 때문이다.[51] 레비나스가 홉스식의 평화를 홉스 그 자신이 극복하고자 하는 전쟁 상태와 동일시한 것도 이런 연유에서다. 레비나스는 전쟁 상태와 제국의 평화 사이에 어떠한 구분도 하지 않는다. 전쟁 상태와 평화 모두 '폭력'에 근거하고 있다고 믿기 때문이다. 레비나스에서 '폭력'이란 물리적 힘의 행사 이상의 의미를 갖는다. 레비나스는 인격적 개인의 고유성을 무시하는 행위, "존재를 계산의 요소로, 한 개념의 특수한 경우로 파악"[52]하는 행위,

---

50) *Ibid.*, p.151 [261쪽].
51) É. Akamatsu, *Comprendre Levinas*, Armand Colin, 2011, pp.258~267 참조.
52) Levinas, "Liberté et Commandement", p.47.

그리하여 그의 얼굴과 대면하지 않는 모든 행위를 폭력으로 간주한다.

> 폭력은 피 흘리게 하거나 죽이는 데서 생겨나기보다, 인격체들의 연속성
> 을 중단시키는 데서 생겨난다. 인격체들이 더 이상 자신을 찾을 수 없는
> 역할을 하게 하는 데서, 그들로 하여금 약속뿐 아니라 자신의 고유한 실
> 체를 배반하게 하는 데서, 모든 행위 가능성을 파괴해 버릴 행위들을 수
> 행하게 하는 데서 생겨난다.[53]

레비나스적 견지에서 사회계약은 약간 더 문명화된 방법으로 이뤄지
는 전쟁 그 이상도 이하도 아니며, 자연 상태, 전쟁 상태, 국가란 '카인 같은
냉정함'이 그 특징을 이루는, 공통의 주제 위에서의 변양들일 뿐이다. 그것
들 모두 자유나 계약의 방식으로 세계를 이해하지만, 여기서 교류되는 신
뢰나 정감들은 감정의 시장 안에서 행해지는 이기적 교환으로 머물 공산
이 크다.[54]

레비나스가 전쟁과 전쟁에서 비롯한 제국의 평화 사이에 어떠한 구
분도 하지 않는 또 다른 이유는 그들 모두 근대적 개인을 전제하기 때
문이다. C. B. 맥퍼슨(C. B. Macpherson)은 자신의 책 『홉스와 로크의 사
회철학: 소유적 개인주의의 정치이론』(The Political Theory of Possessive
Individualism: Hobbes to Locke)에서 홉스의 정치철학이 기반하고 있는 이
전제가 어떤 결과를 가져오는지를 매우 탁월하게 분석해 내고 있다. 맥퍼

---

53) Levinas, *Totalité et infini*, p. IX[『전체성과 무한』, 8쪽].
54) C. F. Alford, "Levinas and the Limits of Political Theory", ed. M. Diamentides, *Levinas, Law, Politics*, Routledge, 2007, pp. 108~109 참조.

슨은 홉스와 로크로 대변되는 17세기 정치철학의 특징을 '소유적 개인주의'라 규정한다.[55] 그에 따르면 홉스는 '자연적 인간', 즉 '인간 그 자체'를 분석의 대상으로 삼은 것이 아니라, '시민화된 인간', 즉 '특정 사회 속에서 특수한 문명적 욕구를 가진 인간'을 그 대상으로 삼았는데, 그 사회가 바로 '소유적 시장사회'다. 개인주의의 소유적 특성은 개인이 본질적으로 자신의 신체와 능력을 소유한 자이며, 그런 것들을 소유함에 있어서 사회에 힘입은 바가 없다는 생각에 근거하고 있다. 개인은 자유로운 한에서만 인간다울 수 있고, 자신의 소유자인 한에서만 자유로울 수 있으므로, 인간사회는 독점적 소유자들의 일련의 관계, 즉 일련의 시장관계일 수밖에 없다.[56] 여기서 인간의 본질은 타인의 의지에 의존하는 것으로부터의 자유이며, 개인의 자유는 소유와 함수관계를 맺는다. 결국 근대의 자유는 소유의 자유와 다름 없으며, 근대의 주체는 소유의 주체로, 권리의 주체로 남게 되는 것이다. 문제는 이기성과 소극적 자유로 무장한 원자적 개인들이 외치는 원자적 자유 주장, 원자적 개인들이 자신들의 권리를 주장하며 외치는 원

---

55) 맥퍼슨은 그의 책 『홉스와 로크의 사회철학』에서 '소유적 개인주의'를 구성하는 가정들을 다음의 7개 명제로 요약한다. ① 인간을 인간답게 하는 것은 타인의 의지로부터의 자유이다. ② 타인으로부터의 자유는 개인이 자발적으로 자신의 이익을 위하여 참여한 관계를 제외한 어떠한 관계로부터도 자유롭다는 것을 의미한다. ③ 개인은 사회에 아무런 부채도 없으므로 본질적으로 자신의 신체와 능력의 소유자이다. ④ 개인이 자신의 신체에 대한 재산권 전체를 양도할 수는 없다 할지라도 자신의 일부, 곧 노동력은 양도할 수 있다. ⑤ 인간 사회는 일련의 시장관계로 구성되어 있다. ⑥ 타인의 의지로부터의 자유는 인간을 인간답게 만드는 것이므로 개인 각자의 자유는 타인에게도 똑같은 자유를 보장하는 데 필요한 의무와 규칙에 의해서만 정당하게 제한될 수 있다. ⑦ 정치 사회는 개인의 신체와 재화로서의 재산을 보호하기 위해 고안된 장치이며, 그에 따라 자신의 소유자로 간주되는 개인들 간의 교환관계를 질서 있게 유지하기 위해서 고안된 것이다. C. B. 맥퍼슨, 『홉스와 로크의 사회철학: 소유적 개인주의의 정치이론』, 황경식 외 옮김, 박영사, 1990, 305~306쪽.
56) 앞의 책, 306쪽 참조.

자적 소유 주장은 언제나 독점과 배제를 그 배면에 가질 수밖에 없다는 점이다. 계약을 통해 평화의 상태에 도달했다 하더라도 그런 평화는 상대방에 대한 공포, 폭력과 죽임당함에 대한 공포에 근거하고 있기에 나의 이기적 경향은 여전히 그 내면에 상존하고 있다. 레비나스가 국가와 자연 상태를 동시에 넘어서야 한다고 주장한 이유도 바로 이 때문이다.

　우리가 레비나스의 철학적 저작을 통해 확인할 수 있는 정치에 대한 또 다른 입장은, 그가 정치를 윤리와 맞세운다는 점이다.[57] 레비나스가 『전체성과 무한』 독일어판 서문에서 쓰고 있듯이, 윤리적 초월은 유일성과 유일성의 관계, 낯선 자로부터 낯선 자에 이르는 사랑이다. 이 관계는 공동체 외부에 놓인다.[58] 그러나 정치의 문제는 필연적으로 유일자와는 다른 항을 요구한다. 정치의 물음은 중립적 매개들, 그러니까 비교나 동등성을 통해 관계의 계산을 요구하는데, 이런 계산은 언제나 재현의 중립적 경제 안에서 작용한다. 그가 "정치 사회는 한 체계가 지닌 분절들의 다수성을 표현하는 복수성으로 나타난다"[59]고, 더 정확히는 "정치는 상호인정을, 즉 동등성을 향한다"[60]고 말한 것은 바로 이 때문이다. 공통성 위에 세워지는 정치는 보편적인 것을 통해 독특한 자들 사이의 관계에 개입하며 대면적 관계의 친밀성을 방해한다. 제삼자의 이름으로 행해지는 이런 개입은 윤리의 토

---

57) 구체적으로 보자면, 『전체성과 무한』에서 정치는 도덕에 대립하는 것으로 나타난다. 『타자성과 초월』에서 정치는 "폭력, 계략"과, 『존재와 달리 또는 존재성을 넘어』에서는 "계산과 중재", "존재, 전체성, 기술, 노동"과 동연적인 것으로 놓인다. E. Levinas, *Altérité et transcendance*, Fata Morgana, 1995, pp. 100, 147; *Autrement qu'être ou au-delà de l'essence*, pp. 5, 203.

58) Levinas, "Totalité et infini: Préface à l'édition allemande", p. 233 참조.

59) Levinas, *Totalité et infini*, p. 192[『전체성과 무한』, 323쪽].

60) *Ibid.*, p. 35[『전체성과 무한』, 80쪽].

대를 불안케 하고 책임의 문제를 중립화할 위험이 있다. 윤리적 상황의 우위와 순수성을 해칠 수 있다는 것이다.[61] 정치의 언어는 독특성의 언어를 설명할 수 없다. 동등성을 가능케 하는 정치의 구조들은 유일성과 유일성의 관계에 중첩되고 그럼으로써 중립적이고 익명적인 합법성의 이름으로 유일자를 통제하며 "컴퓨터 따위가 가능하게 할 일반적 규칙 아래에서 개별적인 경우를 포섭"[62]한다. 이렇듯 레비나스의 정치 비판은 정치가 타자를 그 자체로 드러내지 못한다는 점, 타자와의 평화적 관계를 이룩할 수 없게 한다는 점으로 집중된다.

3. 윤리와 정치

그렇다면 레비나스에서 윤리와 정치의 관계는 어떻게 이해될 수 있을까? 우리는 앞에서 윤리가 타자의 얼굴에 접근하는 것, 그 얼굴의 부름에 응답하는 것이라는 점을 확인하였다. 비대칭적 대면은 분명 정치로의 모든 확장을 거부한다. 보편적 도덕을 거역한다. 레비나스에서 "윤리는 정치적인 것을 넘어서"[63] 있으며, 오히려 그것을 정초해야 한다고 보기 때문이다. 윤리와 정치의 복잡한 관계를 이해하기 위해, 레비나스 윤리의 특징부터 구체적으로 살펴볼 필요가 있겠다.[64]

첫째, 레비나스의 윤리는 나와 타자를 포괄하거나 종합하는 그 어떤

---

61) J. Drabinski, "The Possibility of an Ethical Politics: From Peace to Liturgy", eds. C. Katz and L. Trout, *Emmanuel Levinas IV: Beyond Levinas*, Routledge, 2005, pp. 189~191 참조.

62) E. Levinas, "Paix et proximité", *Altérité et transcendance*, Fata Morgana, 1995, p. 147.

63) Levinas, *Autrement qu'être ou au-delà de l'essence*, p. 155.

64) 이하의 논의는 김도형, 「레비나스 철학의 사회철학적 함의」, 102~105쪽 참조.

정초도 거부한다. 레비나스의 정초주의 비판은 알다시피 서양의 동일성 철학을 겨냥하고 있다. 레비나스는 동일성의 철학적 전통 속에 실재의 근원이자 실재로 인도하는 원리로서의 아르케(arché)에 대한 탐구가, 아르케를 통해 보편적인 종합을 성취하려는 체계에 대한 향수가 내재해 있다고 판단한 듯하다. 따라서 서양의 철학적 전통 속에서 아르케로 받아들여졌던 존재, 정신, 이성, 역사 등은 '나와 타자의 윤리적 관계'를 고민하는 레비나스에겐 출발점이 될 수 없다. 오히려 레비나스는 존재, 정신, 이성, 역사를 중심에 놓고 타자를 사유하는 것이 타자의 초월성과 독특성을 말살해버리는 것이라 단언한다.[65] 서양 철학의 전통 속에서 타자를 이해했던 방식들, 그러니까 근거나 원리에 기반해서 타자를 사유하는 것, 사유하는 주체의 의식 속에서 타자를 이해하는 것, 나와 타자의 종합을 추구하는 것, 타자를 내가 구성한 대상으로 치부하는 것, 타자를 인간 해방이라는 역사 완성의 한 계기로 간주하는 것, 이 모든 것들에 레비나스는 반대한다. 당연한 얘기겠지만, 근대 이후 추구되어 온 '사유하는 주체'의 이성 역시 보편성의 관점에서 타자를 사유하는 것이기에, 레비나스는 그 이성의 지평 너머로 나아가고자 한다. 그에게 "이성은 고고학/아르케의 논리체계" (archéologie)[66]에 다름 아니다. 레비나스의 윤리적 관계에서 나와 타자는 결코 동일한 지평 속에 놓이지 않는다. 나와 타자는 '아나키'(an-arché)적이다.[67]

---

65) E. Levinas, "La Trace d'Autrui", *En découvrant l'existence avec Husserl et Heidegger*, Vrin, 2001, p.263 참조.

66) E. Levinas, "Humanisme et An-arche", *Humanisme de l'autre homme*, Fata Morgana, 1972, p.80.

67) 레비나스는 『존재와 달리 또는 존재성을 넘어』에서 자신의 아나키(an-archie) 개념이 단순히 '원리의 결여', '정치 질서의 부재가 야기하는 무질서'로 이해되어서는 안 된다고 주장한

둘째, 레비나스의 윤리에선 언제나 나보다 타자가 우위에 있다. '나에 대한 타자의 우위'는 구체적으로 무엇을 의미하는 것인가? 우선, 그것은 타자가 나로 결코 동화될 수 없다는 점을 가리킨다. 레비나스에서 타자는 내가 포섭하고 장악할 수 없는 자이며, 나의 지식이나 이해에 의해 포괄되지 않는다. 타자는 언제나 나보다 높고 크다. 이런 점에서 타자는 초월과 무한에 닿아 있다. 다음으로 '나에 대한 타자의 우위'는 나와 타자의 윤리적 관계, 즉 타자에 대한 나의 책임이 내가 아닌 타자에서 비롯한다는 점을 함축한다.[68] 레비나스에서 책임은 타자의 부름에 의해 촉발된다. 그 책임은 타자에 대한 연민이나 동정에서 기인하는 것이 아니라 나와 마주하는 타자의 요구와 부름에서 기인하는 것이기에 그렇다. 이런 의미에서 레비나

다(Levinas, *Autrement qu'être ou au-delà de l'essence*, pp.160, 161, 219 등). 레비나스의 아나키는 '원리나 기원에 대한 끊임없는 거부', '질서와 무질서 너머에서 존재를 교란할 가능성', '종결과 시초에 대한 사유의 거부'로 이해될 수 있고, 그런 점에서 '의식의 현전성에 대한 거부', '공통 평면이나 공통 척도의 부재'로 요약될 수 있다. M. Abensour, "L'an-archie entre métapolitique et politique", *Les Cahier Philosophiques de Strasbourg: Levinas et la Politique*, no.14, 2002, p.115에서는 아나키 개념을 ① 공통 평면의 결여, ② 원리의 결여, ③ 아르케의 결여, ④ 모든 전체화 기획에 대한 다수성의 저항의 가능성으로 정리하고 있다. 레비나스의 아나키 개념이 집중적으로 서술되어 있는 책으로는 『다른 인간의 휴머니즘』(*Humanisme de l'autre homme*, 특히 「휴머니즘과 아나키」Humanisme et An-arche), 『존재와 달리 또는 존재성을 넘어』(특히 「원리와 아나키」Principe et Anarchie), 『신, 죽음 그리고 시간』(특히 「아나키로서의 주체성」La Subjectivité comme anarchie) 등이 있다.

68) 책임 개념은 지금까지 늘 자유 개념과 연결지어 다루어져 왔고, 자유가 책임의 필연적인 조건으로 여겨져 왔다. 하지만 레비나스는 주체의 자유로운 행동에서 책임을 논의하는 서양의 전통 철학의 이해에 반대한다. 레비나스는 자유에 앞서 있는 책임, 다시 말해 나의 자율성과 나의 능동적 행위에 앞서 나에게 부과된 책임, 무한한 책임을 이야기한다. 기존의 서양 철학이 자율성에 입각해서 책임을 이야기했다면, 레비나스는 타자에 의한 자율성의 파열을, 다시 말해 타율성과 수동성에 입각해 책임의 의미를 새롭게 고찰하고자 한다. 더군다나 레비나스는 책임을 주체의 속성 가운데 하나로 보지 않는다. 이는 책임이 주체성을 구성하기 때문이다. 나는 타인에 대한 책임을 단순히 가지고 있는 것이 아니다. 나는 결코 '자기에 대해 있는 자'로 성립한 것이 아니다. 나는 애초부터 '타인을 위한 자'다.

스는 책임을 자유 이전의 것으로, 기억이나 의식으로 환원될 수 없는 것으로 상정한다. 만약 그렇지 않을 경우, 나는 타자가 누구인지 또 타자가 무엇을 원하는지를 알고 있다고 추정하는 게 될 것이고, 그럴 경우 나는 타자를, 타자의 필요를 나에 기초해서 재현하게 될 것이다. 종국적으로는 타자를 온전히 이해/포섭하려 하는 일이 일어날 것이다. 책임은 보편적 요구에서 도출되는 것이, 합리적 존재라는 일반적 범주의 한 사례로서 요구되는 것이 아니라 지금 나와 대면하는 타자의 구체적 요구에서 기인하기에, 이 책임은 상호적 책임에 의존하지도 않을 것이다.[69] 레비나스는 "나는 상호성을 기다리지 않고 타인에게 책임을 진다. 내가 그것 때문에 죽게 되더라도 말이다. [……] 나는 언제나 타자들보다 더 많은 책임을 진다"[70]고 천명한다. 이런 비대칭성이 없다면 윤리는 자신의 의미를 잃어버릴 것이다. 왜냐하면 레비나스가 말하듯 "사람들이 상호성을 기대하면서 관대하게 행동하자마자, 이런 관계는 관대함에 속하는 것이 아니라, 상업적 관계, 좋은 수단으로서의 교환에 속하게 되기 때문이다."[71] 레비나스가 윤리를 존재 너머에 위치시키는 것은 이런 연유에서다. 윤리는 자아에게 '이해 가운데 있음에서 벗어날 것'(désintéressement)을 요구한다.

셋째, 레비나스의 윤리는 자아의 무화를 요구하지 않는다. 타자의 얼굴은 나의 소유와 권력에 저항한다. 하지만 그 저항은 나를 위협하거나 나를 무화시키는 데 있는 것이 아니라 나의 즐거운 소유를 문제 삼고 완고한 나의 자기 집착이 갖는 폭력성을 그 벌거벗음으로 드러낸다. 타자는 나를

---

69) S. E. Roberts-Cady, "Rethinking Justice with Levinas", ed. D. Manderson, *Essays on Levinas and Law: A Mosaic*, Palgrave Macmillan, 2009, pp. 242~244 참조.
70) Levinas, *Éthique et infini*, pp. 94~95[『윤리와 무한』, 127~128쪽].
71) E. Levinas, "La proximité de l'autre", *Altérité et transcendance*, Fata Morgana, 1995, p. 111.

부정하는 것이 아니라 나를 수립하며, 나의 자유를 침해하는 것이 아니라 나의 자유를 정당화하도록 명령한다. 레비나스가 말하는 책임이란 타자에 대한 책임인 동시에 '볼모'에까지 이르는 무한한 책임이며, 이 책임이 주체성의 근본적인 구조를 이룬다. 무한한 타자는 얼굴로 자신을 드러내지만, 이러한 드러남은 나와 타자의 '복수성'(pluralité)을 유지한다. 레비나스는 책임으로서의 "정의는 독특성 없이는, 주체성의 단일성 없이는 불가능"[72] 하다고, "자아로부터 출발해 타자로 나아가는 관계 속에, 욕망과 선함 속에"서 "자아는 자신을 유지하는 동시에 에고이즘 없이 실존한다"[73]는 점을 강조한다.

　마지막으로 레비나스의 윤리적 관계에서 타자는 나에게 책임을, 응답해야 할 의무를 '끊임없이' 일깨운다. 애당초 책임이란 무한한 타자의 요구와 부름에 응답하는 것이기에, 그 책임은 보편화될 수도, 일반화될 수도, 대체될 수도 없기 때문이다. 그것은 끝도 없고 만족될 수도 없다. 나의 깨어 있음은 타자에 의해 일깨워지는 것이기에, 앎이나 의식 또는 사유의 차원을 넘어서 있다. 더 정확히 말하자면 그것들 이전의 것이다. 레비나스는 이 '타자에 대해 깨어 있음'을 '불면'과 유사하다고 지적한다. 우리가 '~에 대한 불면'을 말할 수 없는 것처럼, '타자에 대해 깨어 있음'은 타자에 대한 주체의 자발적이고 능동적인 활동일 수 없다는 것이다. 끊임없이 나를 침입해오는 타자에 의해 나는 언제나 개방된 채로 놓이게 된다. 따라서 나는 결코 쉴 수가 없다. 이 '쉴 수 없음'(non-repos)이야말로 타인에 대한 책임의 주요한 면모인 것이다.[74] 타자에 의해 문제시되는 나의 자유 역시 그 정

72) Levinas, *Totalité et infini*, p. 224[『전체성과 무한』, 374쪽].
73) *Ibid.*, p. 283[462쪽].

당화는 끝이 없다. 뒤에서 살펴보겠지만, 레비나스가 "자유의 도덕적 정당화는 결과의 지위를 갖지 않는다. 그것은 오히려 운동과 삶으로서 성취된다"[75]고 주장한 이유도 이와 유관하다.

이제 본격적으로 윤리와 정치의 관계 문제를 검토해 보자. 레비나스는 "**제일철학**으로서의 윤리는 그 자체로 사회를 위한 법률을 제정할 수 없으며, 사회를 혁명하고 변화시키는 이행 규칙을 생산할 수 없다"[76]고 말한다. 이것이 첫째가는 어려움이다. 레비나스는 생산적이고 연속된 관련성을 통해 윤리적 관계 속에서 정치 영역을 정초하는 데, 이런 정치를 그 자체로 발전·전개하는 데 큰 관심을 갖지 않는다.[77] 그의 사유에 본질적인 것은 다음과 같은 공식에 있다. "실제로 정치는 언제나 윤리로부터 조절되고 비판받아야 한다."[78] 따라서 레비나스가 윤리적 사유에 부여하는 비판적 영향력을 정치 영역과 관련지어 헤아려 보는 것이 중요하다. 또한 그 필요성을 강조할 필요가 있다. 우리가 레비나스를 반(反)정치적이라고 평가할 수 없는 것도 이 때문이다. 정치 영역에 대한 그의 혹독한 비판은 윤리에 의해 검토되지 않는 정치, 레비나스의 표현을 따르자면 "그 자신에 내맡겨진 정치"[79]를 향한다. 레비나스에 있어 그 자신에 내맡겨진 정치란 타자와의 관계를 망각해 버린 정치, 타자의 고유성과 차이를 동일화하는 정치라 할 수

---

74) Levinas, *Dieu, la mort et le temps*, pp. 166, 240~245[『신, 죽음 그리고 시간』, 218, 312~319쪽] 참조.

75) Levinas, *Totalité et infini*, p. 281 [『전체성과 무한』, 458쪽].

76) Levinas, "Dialogue with Emmanuel Levinas", p. 29.

77) M. Vanni, "Pour une praxis asymétrique. L'incomparable pluralité des réponses à l'appel d'autrui", *Les Cahiers Philosophiques de Strasbourg: Levinas et la politique*, no. 14, 2002, p. 22 참조.

78) Levinas, *Éthique et infini*, p. 75 [『윤리와 무한』, 105쪽].

79) Levinas, *Totalité et infini*, p. 276 [『전체성과 무한』, 451쪽].

있을 것이다.

그렇다면 정치의 대칭성과 윤리의 비대칭성은 완전히 무관한 것인가? 그렇지 않다. 레비나스는 그 관계가 필요한 것이라고 말한다. 윤리와 정치의 복잡한 관계를 해명하기 위해 이제 우리는 『존재와 달리 또는 존재성을 넘어』에 집중해야 한다.[80] 거기서 레비나스는 말함(le dire)과 말해진 것(le dit) 사이의 관계를, 존재와 존재의 타자 사이의 차이를 밝히기 위해서뿐 아니라 그들의 관계에 관한 어떤 윤곽을 그리기 위해 도입한다. 윤리와 정치의 관계를 고찰하는 우리에게 이 관계는 하나의 패러다임으로 사용될 수 있을 것이다.

알다시피 말함과 말해진 것 사이의 구분은 데리다가 「폭력과 형이상학」에서 행한 문제제기에 대한 대응의 성격이 강하다. 그는 존재 너머의 윤리를 수립하려는 레비나스의 시도가 실패할 수밖에 없다고 주장한다. '존재와 다르게'를 사유하려는 철학 역시 그것이 철학인 이상 철학적 작업이 갖는 한계를 벗어날 수 없다고 보기 때문이다. 가령, 데리다는 타인의 얼굴과의 만남이 대화나 언어로 이뤄진다면 그 관계는 평화적인 것이 아니라 폭력적인 것이 될 것이라고 주장한다. 언어가 주제화하고 전유하는 것인 한에서, 언어가 개념적 정합성에 기초하는 것인 한에서 타인과의 만남 역시 주제화와 전유, 개념적 적합성의 틀을 벗어날 수 없다는 것이다. 이런 점에서 데리다는 레비나스가 무한과의 관계를 사유하고 타인의 절대성을 주

---

80) 윤리와 정치의 관계가, 도덕과 전쟁의 관계를 논하는 문장으로 시작하는 『전체성과 무한』의 서문을 지배하고 있다손 치더라도, 이 책에는 이런 문제에 대한 해결책이 없다. 그것은 아마 『전체성과 무한』의 목적이 전체주의에 대항하는 것으로 설정되었기 때문일 것이다. 이에 대한 자세한 내용은 R. Bernasconi, "Extra-Territoriality: Outside the State, Outside the Subject", ed. J. Bloechl, *Levinas Studies: An Annual Review*, vol.3, Duquesne University Press, 2008, p.71 참조.

장하는 데 실패할 수밖에 없다고 주장한다. 그는 말한다.

아마도 레비나스는 우리로 하여금 존재와 로고스 너머의 이런 사유 불가능하고 — 불가능하며 — 말로 표현될 수 없는 것으로 향하도록 요구할 것이다. 그러나 이런 요구를 생각하는 것도, 진술하는 것도 불가능한 일임에 틀림없다.[81]

결론적으로 데리다는 그리스 전통과 단절하려는 레비나스의 시도가 실패할 수밖에 없다고 단언한다. 왜냐하면 레비나스는 여전히 그리스 로고스에, 철학의 언어에 의존하고 있기 때문이다.[82]

레비나스는 『존재와 달리 또는 존재성을 넘어』에서 데리다가 제기한 문제에 답하고자 한다. 우선 그는 '전체성', '실체', '외재성'과 같은 존재론적 함의가 짙은 단어들 대신에 '대신함', '들러붙음', '볼모'와 같은 단어들을 주로 사용한다. 더 근본적인 것은 레비나스가 얼굴의 표현과, 데리다가 폭력적이라고 말한 언어 사이의 차이를 분명히 하고자 했다는 점이다. 레비나스는 전자를 말함, 후자를 말해진 것이라 지칭한다. 이런 구분이 레비나스 답변의 핵심에 놓여 있다. 결론부터 말하자면 말해진 것에 대한 강조가 소통의 내용, 대상과 의미의 관계를 중시하는 입장과 관련되어 있다면, 말함에 대한 강조는 '메시지의 전달'과 같은 말의 내용뿐 아니라, 말이 건네지는 너와 말해진 단어에 참여하는 자로서의 화자를 포함하는 대화의 과정을, 그러니까 나와 타자의 대면적 만남 그 자체를 포함한다.[83]

---

81) 자크 데리다, 「폭력과 형이상학」, 『글쓰기와 차이』, 남수인 옮김, 동문선, 2001, 184쪽.
82) Simmons, *An-Archy and Justice*, pp. 47~49 참조.

구체적으로 살펴보자. 그에게서 말함은 "타자에 대한 노출이자 [······] 표현"[84]을, "주체가 자신의 내밀함 밖으로 나오게 되는 증언"[85]을 의미한다. 말함은 타자와의 대면적 관계 속에서만 가능한데, 이것은 레비나스가 『전체성과 무한』에서부터 줄곧 견지해 왔던 언어관, 그러니까 언어의 본질이 "타인과의 관계"[86]라는 입장과 직접 연결된다. 말함은 내적 사유를 전달하는 도구나 언어가 바탕으로 삼는 기호체계로 귀착하는 것이, 어떤 행위나 심리적 태도로 환원할 수 있는 것이 아니다. 타자에 대한 노출로서의 말함은 언어들 이전의 것, 그러니까 "발화된 언어에서의 모든 시작에 앞서는"[87] 것이다. 정확히는 타자에 대해 끊임없이 자신을 여는 열림이다. 나와 타자가 맺는 관계의 생생함과 직접성에, 언어나 체계에 종속되지 않는 전 근원적인 고유성에 값하는 것이다. 말함은 타자의 부름에 대한 즉각적인 응답이기에, 존재의 시간에 앞선, 의식의 시간에 앞선 시간에서, 즉 통시성에서 유래한다고 할 수 있다. 레비나스가 말함을 존재론 너머에 위치시키는 것도, 얼굴의 표현이라고 설명한 것도 이 때문이다. 반면에 말해진 것은 "이것을 저것으로" 이름 붙이는 동일화의 과정, 의미 할당의 과정이다. 말해진 것은 존재자를 주제화함으로써 그것을 개념화한다. "이 '누구?'를 '무엇?' 안에서 사라지게 만드는"[88] 것이다. 그럴 때 존재자는 표상 가능한, 인

83) W. P. Simmons, "The Third: Levinas' Theoretical Move from An-archical Ethics to the Realm of Justice and Politics", *Philosophy and Social Criticism*, vol.25, no.6, 1999, pp.87~88 참조.

84) Levinas, *Autrement qu'être ou au-delà de l'essence*, p.18.

85) *Ibid.*, p.188.

86) Levinas, *Totalité et infini*, p.182[『전체성과 무한』, 306쪽].

87) Levinas, *Autrement qu'être ou au-delà de l'essence*, p.128n6.

88) *Ibid.*, p.34.

식 가능한 대상이 되며 체계와 관련해 부여받은 의미 속에 갇힌다. 그런 한에서 말해진 것은 전체성의 영역, 공시적 사건에 속한다고 할 수 있겠다. 전근원적인 말함 역시 진술되는 순간 말해진 것이 되는 사태를 벗어날 수 없다. 말함은 말해진 것으로 드러남으로써 언어 체계에 그리고 존재론에 종속된다. 그리하여 고정된, 기록 가능한 대상으로 자아에게 재현되며 또 그렇게 해석된다. 이런 공시적이고 전체화하는 체계가 바로 데리다가 말한 폭력적인 언어에 해당한다. 그런 한에서 말해진 것이 자아의 자율적 위치를 강조한 것이라면, 말함은 자아를 그의 중심적 위치에서 떼어내어 타자에 노출시킨다는 점에서 수동성의 영역, 레비나스의 표현을 따르자면 '모든 수동성보다 더 수동적인' 위치로 자아를 가져온다고 할 수 있겠다.

말해진 것은 말함이 관계하는 '존재의 바깥', '존재와 다르게'를 언제나 배반의 방식으로 드러낸다. 배반의 방식이 아니고서는, 번역의 방식이 아니고서는 존재 너머의 것이 존재의 차원으로 가져와질 수 없기 때문이다. 말함의 세계가 근원적이라 하더라도 레비나스는 존재론적인 말해진 것에 의해 세워지는 영역을 무시하지 않는다. 오히려 레비나스는 말함은 말해진 것을 요구한다고 주장하기까지 한다.

> 말함은 펼쳐져야 하고, 스스로를 '존재성'으로 모아들여야 한다. 스스로를 정립해야 하고 실체화되어야 하며, 의식과 앎 속에서 아이온(eon)이 되어야 한다. 스스로를 보이게 해야 하고, 존재의 우위를 감내해야 한다. 윤리 그 자체는 책임인 **말함** 속에서 이러한 포획을 요구한다.[89]

---

89) Levinas, *Autrement qu'être ou au-delà de l'essence*, p. 56.

그럼에도 레비나스가 강조하고자 하는 것은, 말함은 말해진 것 안에 완전히 포획될 수 없다는 점이다. 말함은 언제나 말해진 것으로 굳어지지만 동시에 말해진 것의 내용을 넘쳐흐르기 때문이다. 말해진 것은 말함을 은폐하고 배반하려는 경향이 있기에 말해진 것 속에서 말함을 망각하지 않는 일이, 말해진 것의 근원, 즉 말함으로 거슬러 올라가는 일이 필요하다. 말함은 말해진 것으로 변환되지만 그 말에 의미를 주는 것이, 말해진 것이 고정된 의미로 스스로를 닫고 그 속에서 완결된 재현의 구조를 갖추고자 할 때 그것에 새로운 의미를 주는 것이 말함이기 때문이다. 말함이 말해진 것 속에서 고정되는 그때마다 말함은 그것을 취소함으로써 말해진 것을 말의 아나키로 되돌려야 한다.

> 우리의 모든 논제는, 주체성은 **말해진 것**에 대해 낯선 것임에도 불구하고 그 주체성이 언어의 남용에 의해 언표되는 것이 아닌지를, 그 남용 덕택에 **말해진 것**의 경솔함 속에서 모든 것이 드러나지 않는지를 묻는 데서 성립한다. 이 남용 때문에 모든 것은 자신의 의미를 배반하면서 드러나지만, 철학은 이 배반을 줄이도록 요청받는다.[90]

여기서 레비나스는 철학에 새로운 혹은 진정한 임무를 부여한다. 그것은 말해진 것 너머로, 존재성 너머로 거슬러 올라가는 것, 레비나스의 표현을 빌자면 '환원'을 행하는 것이다. 환원은 '말해진 것으로 흡수되는 말함을 말해진 것 속에서 깨어나게' 하는 데서 성립하는, '말함의 고유한 의미 작용을 드러내는' 데서 성립하는 일종의 방법론이다. 철학자의 역할 또한

---

90) *Ibid.,* p. 198.

이로부터 비롯한다.

> 철학자의 임무는 [······] 존재의 이편으로 거슬러 올라가는 가운데 **말해진 것**과 그 내보임 속에서 승리를 거두는 아이온을 즉시 환원시키는 데서, 또 이 환원에도 불구하고 환원된 **말해진 것**의 아이온을 애매성의 형태로, 통시적 표현의 형태로 유지하는 데서 성립한다. 말함은 **말해진 것**의 확증인 동시에 말해진 것의 수축이다.[91]

위의 논의에 따르자면, 철학자의 임무는 말함의 시간으로 끝없이 거슬러 올라가는 것, 말해진 것을 지우고 취소함으로써 말해진 것을 다시 말하는 것이다. 철학에 의한 철학의 이 '환원'이 그 자신의 고유한 존재론적 언어에 대한 '말함의 취소'(dédire)를, 끝없는 비판을 이룬다. 말함과 말해진 것의 이 관계, 서로 연결되지만 하나가 다른 하나를 완전히 포착하지 않는 이 관계, 그럼에도 전 근원적의 말함의 우위가 유지되는 이런 관계가 윤리와 정치의 관계를 궁구하는 우리에게 하나의 길잡이가 될 수 있지 않을까? 실제로 레비나스는 한 인터뷰에서 다음과 같이 말하고 있다.

> 정의는 자비에 의해 일깨워진다. 그러나 정의 앞에 있는 자비는 또한 정의 뒤에 있다. [······] 내가 어떤 것을 판단할 때마다 유일한 것을 재발견하는 일이 필요하다. 그는 자신의 유일함 속에서, 살아 있는 개인으로서, 유일한 개인으로서 매 순간 새로워진다. 일반적인 고려가 결코 그를 발견할 수 없다.[92]

---

91) Levinas, *Autrement qu'être ou au-delà de l'essence*, p.56.

위의 언급에서 중요하게 고려해야 할 것은 '재발견', '매 순간 새로워진다'는 등의 표현이다. 타인의 유일함을 재발견할 임무가 철학에 주어진다. 레비나스가 철학의 역할로 제시하는 것 역시 "공평을 타자를 위한 일자의 헌신으로, 정의를 책임으로 가져"[93]오는 것이다. 그가 철학을 '지혜에 대한 사랑'이 아니라 '사랑의 지혜'라고 정의한 것도 바로 이 때문이다.

책임에서 문제로 ── 길은 이렇게 이어진다. 문제는 근접성 그 자체에 의해 상정된다. 그러나 다른 한편, 직접적인 것 자체로서의 근접성은 문제를 갖고 있지 않다. 타인이 제삼자와 관련해 끼어드는 비-상한 사태는 조정을, 정의의 추구를, 사회와 국가를, 비교와 소유를, 사유와 과학을, 교류와 철학을 요구하며, 무원리의 바깥에서 원리를 탐구하도록 요구한다. 철학이란 이러한 조처가 근접성의 타자를-위한-존재의 무한에 보내진 것이며, 그래서 사랑의 지혜와 같은 것이다.[94]

레비나스는 정치 영역의 중요성을 인정하면서도, 그것은 인간다움의 전망에 불충분하기에 윤리에 의한 개입을 주장한다. 모든 정치에 내속하는 정치적 성향은 법의 중립적 형식주의를 통해 타자의 요구를 부정하는 데까지 정치를 밀어붙이며, 개인들에 속해 있는 권리들의 보호된 영역으로 후퇴함으로써 자신이 윤리에 노출되어 있음을 부정하고 그런 방식으로 정치 영역을 구성해 낸다. 이렇게 하여 정치 영역은 그 자신에게 내맡겨진

---

92) E. Levinas, "Interview with François Poirié", ed. J. Robbins, *Is It Righteous To Be?*, Stanford University Press, 2001, pp. 51~52.
93) Levinas, *Autrement qu'être ou au-delà de l'essence*, p. 210.
94) *Ibid.*, p. 201.

다.[95] 그러나 레비나스는 정치의 장에서도 결코 사라지지 않는 윤리를 주장한다. 반복하자면, 윤리의 선함은 정치의 노동으로 환원될 수 없다는 것이 그의 주된 생각이다.

책임의 관계로서의 타인과의 관계는 완전히 억압될 수 없다. 심지어 그관계가 정치나 전쟁의 상황 속에 놓여 있을 때라도 그렇다. 여기선 '그건 내 일이 아니야'라고 말함으로써 나 자신을 자유롭게 하는 것이 불가능하다. 선택이 불가능하다. 왜냐하면 타인과의 관계는 언제나 피할 수 없는 나의 일이기 때문이다.[96]

윤리의 선함은 정치의 기원을 생각하게 하고, 정치의 정당화를 요구한다.[97] 이런 점에서 레비나스 윤리학에서 타자가 자아의 동일성과 전체성으로 포섭되지 않는 외재성인 것처럼, 레비나스 정치학에서 윤리, 즉 타자에 대한 책임은 국가가 완전히 포섭할 수 없는 외재성으로 이해될 수 있다. 윤리는 국가를 근본적으로 방해한다. 국가 너머로, 합리적 평화 너머로 우리를 이끌기 위해, 책임의 명령에 따르는 긴급함을 인내하면서 말이다.[98] 이렇게 레비나스는 이 자기 관계적 전체화에 탈중심화의 과정을 대립시킨다. 윤리는 정치에 변화와 개선을, 새로운 방향과 존재 의의를 부여해야 한

---

95) Vanni, "Pour une praxis asymétrique", p.22 참조.
96) E. Levinas, "Ideology and Idealism", ed. S. Hand, *The Levinas Reader*, Basil Blackwell, 1989, p.247. 인용한 대목은 레비나스가 발표회장에서 이 글을 발표한 후 청중의 질문에 한 답변으로, 프랑스어판에는 수록되어 있지 않다. 발표회장에서 사용된 히브리어를 에임스(Sanford Ames)와 레슬리(Arthur Lesley)가 영어로 번역했다.
97) Drabinski, "The Possibility of an Ethical Politics", p.193 참조.
98) 김도형, 「레비나스 철학의 사회철학적 함의」, 112~113쪽 참조.

다. 윤리는 이미 규정된 정치질서의 보편적 법칙과 제도들에 맞서 사회로 하여금 더 나은 정의를 추구하도록 명령한다. 구체적으로 이것은 근접성으로부터 그것들을 다시 발견하는 일로 진행된다. 윤리, 즉 모든 정치적인 것 이전의 윤리가 '새로운' 정치를 시작케 해야 한다. 이후의 장에서 살펴볼 레비나스의 인권론과 정의론은 이런 그의 입장을 비교적 분명하게 보여 주는 사례라 할 수 있을 것이다.

3장 레비나스의 정의론: 어려운 정의[1)

'정의'를 뜻하는 영어 단어 'justice'는 맥락에 따라 다양한 의미를 갖는다. 그리스 신화에 나오는 정의의 여신 디케(Dike), 더 정확히는 로마 신화의 유스티치아(Justitia)는 눈을 가린 채 한쪽 손엔 저울을, 다른 손엔 칼을 들고 있다. 정의의 여신이 눈을 가리고 있는 것은 당사자가 어떤 사람인지 보지 않고 동등한 기준으로 판단을 하겠다는 공정의 의미고, 저울은 어느 한쪽으로 치우치지 않겠다는 공평의 상징이며, 칼은 그 결과를 엄정히 집행하겠다는 의지의 표현이라 할 수 있을 것이다. 우리가 여기서 간파할 수 있는 주요한 것은 저울이나 공평이란 단어에서 드러나듯, 고래로 정의는 등가성의 원리를 주요한 축으로 삼고 있다는 것이다. 이런 등가성은 어떤 행동과 그에 대한 처벌, 즉 응과 보를 재고 계량할 수 있음을 전제한다. 역으로 계량과 계산은 응과 보가 등가적이어야 한다는 요청에 의해서 나오는 것일 게다. 따라서 계산과 계량 가능성이란 개념은 응보적인 복수의 이념을 발생적 기원으로 삼는다고 말할 수 있다. 실제로 고대의 함무라비 법전

---

1) 이 장은 김도형, 「레비나스의 정의론 연구: 정의의 아포리, 코나투스를 넘어 타인의 선으로」, 『대동철학』 55집, 대동철학회, 2011을 수정 보완한 것이다.

이나 히브리 성경에서 직접적으로 묘사되어 있는 '눈에는 눈, 이에는 이'와 같은 표현이 보여 주는 정의의 복수적인 성격이나 응보적인 처벌의 관점 역시 계산 가능성을 배제하지 않을 수 없을 뿐더러 자신의 필수적인 조건으로 요구한다. 주요한 정의 개념의 한 축으로 논의되었던 공리주의자의 계산적인 정의 개념도 이에 속한다고 할 수 있을 것이다.[2]

많은 철학자들이 정의를 정치학이나 윤리학의 중심 문제로 다루었다. '정의란 무엇인가?', '정의로운 사회란 무엇인가?' 등의 질문에 그들은 대답하려 했다. 현재 우리 사회를 지배하고 있는 자유주의 이론 역시 정의의 문제를 논의의 중심으로 삼았다. 개인주의를 그 본질적 특징으로 하는 자유주의는 개인의 자유와 권리를 가장 중요한 사회적 가치로 여긴다. 따라서 자유주의 이론에서 정의가 논의되는 지평은 주로 '계약의 공정성', 특히 '재화의 분배'에 집중되어 있으며, 부정의는 '계약의 파기'나 '불평등한 분배'로 간주된다. 정의의 문제가 직접적으로 겨냥하고 있는 것 역시 소득과 재산, 의무와 권리, 권력과 기회 등을 어떻게 나눌 것인가 하는 문제로 집중된다. 서구의 근대 이래로 강력한 영향력을 행사해 온 소위 '경제인'의 관점, 신자유주의의 강력한 욕망이 뒷받침하는 시장자유주의자의 관점 역시 계산적인 정의 개념을 전제한다고 할 수 있겠다. 이런 한에서 정의로운 사회의 역할 또한 개인 간의 공정한 계약을 성립시키고 그 결과의 타당성을 보장하는 것, 다시 말해 계산의 공정성, 그러니까 등가성을 정확하게 적용하여 응과 보를 나누는 것, 그럼으로써 불평등한 재화의 분배 문제를 해소하는 것으로 귀착된다.

레비나스 역시 정의를 철학의 중심 문제로 삼았다. 물론 레비나스의

---

2) 이진경, 『대중과 흐름: 대중과 계급의 정치사회학』, 그린비, 2012, 316~318쪽 참조.

정의 개념은 이와 완전히 차이 난다. 그는 정의를 계산 가능성의 차원에서, 특히나 그것이 목표하는 등가성의 차원에서 논의하지 않는다. 오히려 그에게 계산 가능성과 등가성은 넘어서야 할 대상이며 정의를 정의답지 않게 하는 장애다. 레비나스는 계산 가능성과 등가성의 차원으로부터 정의의 개념을 구해 내고자 한다. 고래로 정의 개념의 또 다른 축은 강한 자들이 약한 자들을 억압하지 못하도록 예방하는 것, 약자들의 삶을 보호하는 것이었다. 레비나스의 정의론도 넓게는 이런 전통에 속한다고 할 수 있다. 그러나 레비나스의 정의 물음은 기존의 정의 물음보다 한걸음 더 나아간다. 아니 어떤 점에선 더 근본적이라고 해야 할 것이다. 왜냐하면 그는 정의의 '대상'이나 '방법'이 아니라 정의의 '이유'를 묻기 때문이다.[3] '어떻게 정의를 구현할 것인가'가 아니라 '왜 우리는 정의로워야 하는가'가 그의 물음이 갖는 특이성이다.

> 세계에서의 나의 존재 또는 '태양 아래의 나의 자리', 나의 집, 이런 것들은 다른 사람에게 속하는 자리를, 즉 이미 나로 인해 제3세계에서 억압받거나 굶주리고 추방당한 다른 사람에게 속하는 자리를 부당하게 **빼앗은** 것이 아니었을까. 즉 그것은 배척이고 배제이고 추방이며 약탈이고 살해가 아니었을까. [……] 이것은 나의 존재함이 — 그 의도나 의식의 무고함에도 불구하고 — 폭력과 살인으로 이룰 수 있는 모든 것에 대한 두려움이다. 그것은 나의 **현존재**(Dasein)의 바로 그 **장소**(Da)가 누군가의 자리를 차지하는 것이 아닐까 하는 두려움이다.[4]

---

3) P. Delhom, "Apories du tiers: les deux niveaux de la justice", *Les Cahier Philosophiques de Strasbourg: Levinas et la Politique*, no.14, 2002, pp. 57~58 참조.

여기서 레비나스는 블레즈 파스칼이 언급한 '태양 아래의 나의 자리'를 문제 삼는다. 그는 자신의 존재를 유지하고자 하는, 자신의 자리를 차지하고자 하는 우리의 노력이 야기할 수 있는 갈등과 폭력을 문제 삼는다. 레비나스가 "자신의 존재 권리에 대답해야 한다"[5]고 말한 것도 바로 이 때문이다. 다른 곳에서 그는 "탁월한 의미의 질문, 또는 최초의 질문은 '왜 존재가 아니라 무인가?'가 아니라 '내가 존재할 권리가 있는가?'이다"[6]라고 말한다. 모든 존재가 존재할 권리를 자연적인 것으로 주장하는 우리의 '냉혹한 현실'을 감안할 때, 이 질문은 존재의 살 권리를 문제 삼는, 그 자체로 반(反)자연적인 질문이라 할 수 있을 것이다. 그렇다고 해서 레비나스가 나의 존재 권리 자체를 부정하는 것인가? 나는 살 가치가 없다고 말하는 것인가? 전혀 그렇지 않다. 그가 궁극적으로 말하고자 하는 것은 자신의 존재 권리가 논의되어야 할 지점이 '추상적인 법'이 아니라 '타인에 대한 두려움'이라는 것이다. 이런 문제의식에 비추어 우리는 레비나스의 정의론 한가운데 '나의 존재 유지 경향이 가지는 현실적인 (혹은 잠재적인) 폭력성에 대한 반성'이 자리 잡고 있음을 짐작할 수 있겠다.

일례로 레비나스는 논문 「도피성」[7]에서 비의도적인 폭력과 관련한 정의의 애매성을 보여 준다. 그는 이 논문에서 "도끼머리가 손잡이에서 빠져나와 길을 지나는 행인을 가격"[8]하는 이 애매한 상태를 서구 사회와 관련

---

4) E. Levinas, *Éthique comme philosophie première*, Rivages Poche, 1998, pp.93~94.

5) E. Levinas, "La conscience non-intentionnelle", *Entre nous*, Grasset, 1991, p.139.

6) E. Levinas, "Notes sur Le sens", *De Dieu Qui Vient à L'idée*, Vrin, 1982, p.257.

7) E. Levinas, "Les villes-refuges", *L'au-delà du verset*, Minuit, 1982, pp.51~70. 도피성은 비의도적인 살인을 범한 자들을 '피의 보복자'로부터 보호하기 위한 일종의 망명지로, 구약성경 「민수기」, 「신명기」 등에서 자주 언급된다. 신은 모세에게 6곳의 도피성을 만들도록 명령했다고 전해진다.

시킨다. 그는 말한다. "서구 사회, 즉 자유롭고 문명화한, 그렇지만 사회적 평등이나 엄격한 사회적 정의가 없는 이 사회에서 부유한 자들이 가난한 자들과 누리는 여러 혜택들이 어떤 지역의 어떤 사람들이 겪는 고통의 원인이 아닌지를 묻는 일이 부조리한 것인가? [……] 세계의 어느 곳에서는 이런 특혜로 인해 발생한 전쟁과 대학살이 있지 않은가?"[9] 자아의, 서구 사회의 이런 폭력(의 가능성), 그리고 이로 인한 타자의 상처받을 수 있음, 타자의 벌거벗은 얼굴, 이런 것들이 레비나스가 정의를 논함에 있어 염두에 두는 가장 근본적인 사태일 것이다.

우리가 레비나스의 정의론을 고찰하는 데 따르는 가장 큰 어려움은 그의 중기 철학을 대변하는 『전체성과 무한』에 나타난 정의관과 후기 철학을 대변하는 『존재와 달리 또는 존재성을 넘어』에 나타난 정의관이 다른 면모를 띠는 것처럼 보인다는 데 있다. 레비나스 스스로 밝히듯, 그의 정의 개념은 후기 저작에 이르기까지 명료해지지 않았다.

『전체성과 무한』에서 나는 윤리적인 것에, 즉 두 사람 사이의 관계에 '정의'라는 단어를 사용했다. [……] 『전체성과 무한』에서 사용된 '윤리적'이라는 단어와 '정의로운'이라는 단어는 동일한 의미이며, 동일한 문제, 동일한 언어다.[10]

'정의'라는 말은 타인에 대한 나의 '예속'이 아니라 공평이 필요한 곳에서

---

8) Levinas, "Les villes-refuges", p.56.
9) Ibid.
10) E. Levinas, "The Paradox of Morality: an Interview with Emmanuel Levinas", ed. R. Bernasconi, *The Provocation of Levinas: Rethinking the Other*, Routledge, 1988, p.171.

더 적합한 자리를 갖는다. 공평이 필연적이라면, 비교하는 것이 필요하다. 비교할 수 없는 자들 사이의 평등이 필요하다. 그러므로 '정의'라는 말은 타인과의 관계보다는 제삼자와의 관계에 더 잘 적용된다.[11]

이 양자에서 나타나는 정의관은 외면상 큰 차이를 지닌다. 따라서 각각의 내용과 특성 및 그것들의 차이와 변화의 이유 등을 면밀히 검토하는 일이 필요하다.

1. 『전체성과 무한』의 정의관

정의에 대한 레비나스의 고민은 인간에 대한 그의 근본적 문제의식과 닿아 있다. 그는 인간 삶의 근본적인 됨됨이가 자기이익에 충실한 것이라고, 우리의 삶에 근본을 이루는 것이 타자에 대한 지배라고 믿지 않는다.

내가 강조하고자 하는 것은 인간은 언제나 자신의 존재 안에 머물고자 하는 순수한 존재를 깨뜨린다는 것이다. 동물의 존재는 삶을 위해 투쟁한다. 삶을 위한 투쟁에는 윤리가 없다. 힘의 문제만이 있을 뿐이다. 하이데거는 『존재와 시간』(Sein und Zeit) 서두에서, **현존재**는 자신의 존재 속에서 이러한 존재 자체에 관심을 갖는 존재라고 말한다. 그것은 생명체는 삶을 위해 투쟁한다는 다윈의 발상과 동일하다. 존재의 목적은 존재 그 자체다. 그러나 인간이 나타나면, 나의 삶보다 더 중요한 어떤 것이 생겨난다. 그것은 타자의 삶이다.[12]

---

11) E. Levinas, "Questions et Réponses", *De Dieu Qui Vient à L'idée*, Vrin, 1982, p. 132.

레비나스는 나와 타자의 직접적인 만남, 즉 타자에 대한 책임의 관계 속에서 정의의 문제를 논하고자 한다. 그는 나에 대한 타자의 우위, 자유에 대한 책임의 우위라는 타자 윤리에 기초하여 전혀 다른 정의론을 내세우려 한다. 우선, 그의 정의 사유는 '진리', '존재', '자유'에 종속되었던 기존의 정의 담론을 비판하는 데서 시작한다.[13]

레비나스는 『전체성과 무한』에서 플라톤을 언급하는 가운데 다음과 같이 강조한다. "사회는 참인 것에 대한 관조로부터 흘러나오지 않는다. 우리의 스승인 타인과의 관계가 진리를 가능케 한다. 따라서 진리는 정의인 사회적 관계에 연결된다."[14] 서구에서 진리는 빛의 조명을 통한 지성과 현실의 일치로 여겨졌다. 이것은 은폐되거나 감춰진 것이 반드시 빛 아래에서 드러날 수 있다는 확신을 동반한다. 그런데 레비나스에서 타자는 빛으로 드러날 수 없는 수수께끼의 영역, 미지의 영역이다.[15] 따라서 이 타자와 맺는 관계는 진리에서, 다시 말해 행위와 관념의 적합성에서 유래할 수 없다. 오히려 그것은 어떤 것에도 들어맞지 않는 과잉을, 그 어떤 것으로도 대체할 수 없는 독특성을 뜻한다고 봐야 할 것이다. 그런 한에서 현상의 조건으로 치부되던 이데아를 통해 타자 및 그와 맺는 관계를 규명하는 일은 언제나 실패할 수밖에 없다. 정의는 이데아를 인식하거나 이데아에 적합한 행위를 하는 데서 발생하는 것이 아니다. 이성을 엄정히 사용함으로써 진리를 추구하려는 이론적 태도 역시 정의에 다다를 수 있는, 나아가 정의를

---

12) Levinas, "The Paradox of Morality", p.172.

13) 이하의 내용은 H. Caygill, *Levinas and the Political*, Routledge, 2002, pp.120~122 참조.

14) E. Levinas, *Totalité et infini: Essai sur l'extériorité*, Martinus Nijhoff, 1961, p.44[에마뉘엘 레비나스, 『전체성과 무한: 외재성에 대한 에세이』, 김도형·문성원·손영창 옮김, 그린비, 2018, 94쪽].

15) 심상우, 「레비나스에게서 존재론의 의미」, 『해석학연구』 29집, 한국해석학회, 2012, 57쪽 참조.

가능케 하는 본원적 방식이 아니다. 정의는 진리의 조건인 타인과의 관계에서 나온다. 레비나스는 진리에 대한 정의의 우위를 주장한다.

레비나스는 정의를 존재와의 관계 속에서 논의했던 하이데거에도 동의하지 않는다. "하이데거는 타인과의 관계를 존재론에 종속시켰다. (게다가 그는 대화 상대자와의 관계와 선생과의 관계가 존재론으로 환원될 수 있다는 듯이 존재론을 규정한다.) 그는 정의와 부정의에서, 모든 존재론 너머의 타인에 대한 본래적인 접근을 보지 못했다."[16] 레비나스는 나 자신에 몰두하여 끊임없이 타자를 동일화하는 방식, 끝없이 나의 세계로 귀환하는 사유를 일컬어 존재론이라 명명한다.[17] 이데아나 범주론을 내세웠던 그리스의 형이상학이나 이성이나 정신, 역사를 통해 인간과 세계를 이해하려 했던 근대의 철학적 흐름 등을 '존재론'이라 통칭한 것도 이런 연유에서다. "존재에 대한 이해를 보증하는 중립적인 매개항을 통해 타자를 동일자로 환원하는"[18] 하이데거의 존재론은 나와 타인의 근본적 차이 및 대면적 관계를 중시하는 레비나스에겐 전혀 고려의 대상이 되지 못한다. 그것은 존재를 근원적인 지평으로 간주한다는 것을, 타인에 대한 경험은 존재를 매개할 수밖에 없다는 것을 상정하는 일이 되기 때문이다. 레비나스는 존재에 대한 정의의 우위를 주장한다.

레비나스에겐 자유를 통해 정의를 도출했던 기존의 정치 이론 역시

---

16) Levinas, *Totalité et infini*, p.61 [『전체성과 무한』, 122쪽].
17) 레비나스는 존재론에 대항해 형이상학을 내세운다. 형이상학은 "우리에게 친숙한 세계 ─ 세계를 경계 짓거나 세계가 숨기고 있는 아직 알려지지 않은 땅들이 무엇이건 간에 ─ 로부터 출발하여, 즉 우리가 살고 있는 '자기 집'(chez soi)으로부터 출발하여 낯선 자기-의-바깥(hors-de-soi)으로 나아가는, 저-쪽(là-bas)으로 나아가는 운동으로 나타난다"(*Ibid.*, p.3[26쪽]).
18) *Ibid.*, p.13[43~44쪽].

비판의 대상이다. "정치 이론은 정의를 자발성이라는 검토되지 않은 가치로부터 이끌어 낸다. 여기서 관건은 세계에 대한 지식을 통해 나의 자유와 타자들의 자유를 일치시켜 가장 완벽한 자발성의 실행을 보증하는 일이다."[19] 이런 방식으로 도출된 정의는 서로 간의 자유를 조정하고 중재하여 균형을 맞추는 데서 성립한다. 즉, 자유를 총체적으로 실행하기 위해 여타의 자유들을 계산해야 한다. 레비나스는 '자유의 계산'이라는 방식으로 정의 내지 정치를 정의(定義)하지 않는다. 뿐만 아니라 이러한 일은 자유로운 행위자가 전체성이 관장하는 한 부분이 되어, 그들의 자유로운 행위가 공통의 척도에 따라 규정되어야 한다는 것을 의미한다. 이것은 자유를 양적인 것으로 환원하는 것이며 종국적으로는 자유를 이론이나 진리에 종속시킨다. 이런 식의 "자유는 자신의 고유한 실추를 예견할 수 있는 능력이자 그러한 실추에 대비할 수 있는 능력으로서, [……] 자신의 바깥에 이성의 질서를 수립하는 데서, 제도에게 도움을 청하는 데서 성립한다. 자유는 전제정치를 두려워하는 가운데 제도로 귀착한다. 자유의 이름을 빌려 자유를 위탁하는 것으로, 국가로 귀착한다."[20] 더욱이 레비나스에 있어 중요한 것은 자유는 그 자체로 정당화된 것이 아니라 정당화를 요구한다는 점이다. 레비나스는 자유에 대한 정의의 우위를 주장한다.

레비나스의 정의론은 그의 타자론에 기초해 있다. 타자성을 중심으로 하는 그의 패러다임은 고립된 주체 모델과 완전히 다르다. 자유주의가 상호성과 그 형식상의 평등성을 주장하는 데 반해, 레비나스는 비대칭성

---

19) Levinas, *Totalité et infini*, p. 54[『전체성과 무한』, 112쪽].
20) E. Levinas, "Liberté et commandement", *Liberté et commandement*, Fata Morgana, 1994, pp. 38~39.

및 나에 대한 타자의 우위를 이야기한다. 레비나스가 정의를 전체와의 관계나 진리에 대한 인식으로, 각자에게 속한 것을 적법하게 제공하는 것이나 개인의 자유에 기초하는 것으로 생각하지 않는 것은 이 때문이다. 레비나스 정의론의 주요한 특징은 우리의 정치적 관심을 '내'가 아닌 '타인', 즉 '절대적 타자'에서 도출한다는 데 있다. 그렇다면 그가 내세우는 정의란 무엇인가?

레비나스는 『전체성과 무한』에서 '타자에 대한 책임으로서의 정의'라는 자신의 독특한 정의관을 표명한다.[21] 레비나스가 정의를 타자와 맺는 대면적 관계로 등치시킴으로써 강조하는 것은 정의는 타자의 부름에 대한 직접적인 응답이라는 점, 다시 말해 타자의 호소와 나의 책임이라는 대화적 상황을 지시한다는 점이다. 이 같은 주장의 초점은 개인을 원자적 실체로 놓는 자유주의의 관점을 윤리를 앞세운 관계론적 관점에서 비판하는 데 있다.[22] 자유주의적 정의 이론이 본연적인 나의 권리를 요구하고 그럼으로써 발생하는 다수의 '나들'의 권리를 공정하게 중재하는 데서 성립한다면, 레비나스의 정의 이론은 타인의 호소에서 정의의 근원적 의미를 발견한다. 정의를 타자와의 관계로, 특히 타자를 돕는 것으로 설정하는 이 같은 발상은 아리스토텔레스가 『니코마코스 윤리학』(*Ethica Nicomachea*)에서 다양한 정의관을 설명하는 가운데 언급한 '타인의 선'이라는 발상이나,[23] 기독교 전통에서 주요하게 다뤄지는 '착한 사마리안'의 전통과 맥을

---

21) 이렇게 함으로써 그는 정의의 문제에서 다자 간의 문제를 제외시킨다. 『존재와 달리 또는 존재성을 넘어』에 오면 정의는 다자 간의 공평성 문제로 재규정된다. 다음 절에서 이에 대해 살펴볼 것이다.

22) 문성원, 『해체와 윤리: 변화와 책임의 사회철학』, 그린비, 2012, 90쪽 참조.

23) 아리스토텔레스는 다음과 같이 말하고 있다. "모든 덕 가운데 정의만은 '타인의 선'이라고 생각되고 있다. 그것은 이웃 사람에게 관계하는 것이기 때문이다. 사실 그것은, 지배자이건 동

같이 한다고 할 수 있겠다.『전체성과 무한』에 나타나 있는 정의 개념의 구체적 내용과 그 함의를 몇 가지로 정리해 보자.

첫째, 책임으로서의 정의는 대화 속에서의 얼굴의 응대이다.[24] 이 정의(定義)는 타인을 맞아들이고 환대하는 것, 다른 말로 표현하자면 나와 마주하는 타인에게 제공되는 직접적인 응답과 관련된다. 타인의 얼굴은 자신의 벌거벗음을 통해 나에게 다가온다. "그 얼굴의 벌거벗음은 추위를 타며 그 벌거벗음을 수치스러워하는 몸뚱이의 벌거벗음으로 연장된다."[25] 나는 그의 벌거벗음을 인식한다. 레비나스에 따르면 타인에 대한 인식은 '주거나 거부할 때'만 가능하다. 그의 얼굴 속에서 "타인을 알아보는 것, 그것은 배고픔을 알아보는 것이다. 타인을 알아보는 것, 그것은 주는 것이다. 그러나 이 줌은 스승에게, 어른에게, 높이의 차원에서 '당신'으로 다가오는 이에게 주는 것이다."[26] 정의는 형식적 자유를 보장하는 법적 규범으로 성립되는 것이, 동등한 자들 사이에서 행해지는 교류나 거래로 성립하는 것이, 이것을 가능케 하는 공통의 지평을 전제하는 것이 아니다. 타자에 대한 환대는 "우리에게 공통적일 수 있는 세계", "그 잠재성들이 우리의 **본성**에 기입되는 세계", "우리의 실존을 통해 우리가 발전시키기도 하는 세계"[27]를 깨뜨리고 "내 능력과는 아무런 공통의 척도가 없는 관계로 나를 초대한다."[28] 정의는 타인을 '나' 또는 '나의 집단' 내부로 끌어들이는 방식이 아니

료이건, 하여튼 자기 아닌 타인에게 유익한 일을 하는 것이다"(아리스토텔레스,『니코마코스 윤리학』, 최명관 옮김, 서광사, 1984, 145~146쪽).

24) Levinas, *Totalité et infini*, p.43[『전체성과 무한』, 92쪽] 참조.

25) *Ibid.*, p.47[100쪽].

26) *Ibid.*, p.48[100쪽].

27) *Ibid.*, p.168[286쪽].

28) *Ibid.*, p.172[292쪽].

라 나와 전적으로 다른 타자를 그 자체로 받아들이는 것에서부터, 내가 고수하는 완고한 틀을 깨뜨리는 것에서부터 출현한다. 그리하여 정의는 "빈손으로 타자에게 접근하는 것을 불가능"[29]하게 만듦으로써 이미 차지한 나의 자리를 그에게 내어주도록 만든다.

둘째, 책임으로서의 "정의는 나의 자의적이고 부분적인 자유를 문제 삼는"다.[30] 이 정의는 자유에 대한 책임의, 정의의 우위와 관련된다. 앞서 언급했듯, 레비나스는 자유의 우위를 내세우고 자유를 존재의 척도로 여기는 전통에 동의하지 않는다. 물질적 존재로서의 인간이 살아가고자하는 의지만큼이나 근본적인 자기집착을 갖는 것은 거부할 수 없는 삶의 한 면모일 것이다. 타자와의 윤리적 만남 이전에, 인간은 자신의 욕구와 필요에 따라 세계와 타자를 관장한다. 이때 자유란 "타자에 맞서서 자신을 유지하는 것, 타자와 맺는 모든 관계에도 불구하고 자아의 자족성을 확실히 하는 것"[31]과 관련된다. 하지만 레비나스는 정당화되지 않은 자유란 자의일 뿐이라고, 그런 자유의 본질이란 자신을 부정하게 되는 것에까지 자신의 정체성을 확장시키려는 "동일자의 제국주의"[32]이며 동일자의 "자유는 찬탈로서의 자기에 귀착"[33]할 수밖에 없다고 경고한다. 이 두 번째 정의와 관련해 중요한 것은, 앞선 얼굴에 대한 논의에서 드러났듯 타인이 나의 자유를 문제 삼는 방식이다. 타인은 나의 소유와 권력에 저항한다. 하지만 그 저항은 나에게 폭력을 행하거나 나를 위협하지 않는다. 타인의 얼굴은 그 벌거

---

29) *Ibid.*, p.21 [56쪽].
30) *Ibid.*, p.222 [372쪽].
31) *Ibid.*, p.16 [48쪽].
32) *Ibid.*, p.59 [118쪽].
33) *Ibid.*, p.280 [457쪽].

벗음과 비참함 속에서 나의 능력들을 마비시킨다. 타인은 "나의 힘들을 더 큰 힘으로 궁지에 모는 것이 아니라, 내 힘들의 순진한 권리를, 살아 있는 자인 나의 영광스러운 자발성을 의문시"[34]한다. 그런 점에서 타인의 저항은 윤리적 저항이다. 타인의 얼굴은 나에게 책임을 요구함으로써 나에게 부담을 주지만 나의 자의적인 자유를 일종의 수치로서 드러내며 나의 자유에 책임을 명령하고 나를 자유로운 자로 수립한다. 이것이 바로 레비나스가 "자유의 서임"[35]이라고 말하는 것이다. 자아의 순전한 자유를 문제 삼는 것이 단지 부정적인 계기로 환원되지 않는다는 얘기다. 오히려 자유의 조건으로서의 이 정의는 자유의 정당화 문제를 제기한다. 레비나스의 이런 발상은 자유를 개인의 최고 가치로 간주하고 책임의 조건으로 여기는 서구 전통에 대한 비판, 그리하여 타자와 정의를 우선적으로 고려하지 못하는 자유주의적 정의론에 대한 비판으로 읽힐 만하다.

셋째, 책임으로서의 정의는 "객관적 법에 의해 고정된 모든 한계 너머에서 책임을 지는 자로"[36] 나를 서임한다. 이 정의는 책임의 대체 불가능성과 관련된다. 레비나스는 타인에 대한 책임의 문제를 국가의 차원으로 귀속시키는 것에, 또 그럼으로써 거기서 자신을 사면시키는 것에 반대한다. 왜냐하면 책임이란 애당초 "국가에 외적인 사명"에, 국가 외부의 "치외법권의 영역"에 해당하는 것이기 때문이다.[37] 레비나스가 정의를 타자와의 대면적 관계로 규정하면서 강조한 것은 타자의 유일성이다. 앞 장에서 논

---

34) Levinas, *Totalité et infini*, p.56[『전체성과 무한』, 114쪽].

35) *Ibid.*, p.57[114쪽].

36) *Ibid.*, p.223[372쪽].

37) E. Levinas, "Les droits de l'homme et les droits d'autrui", *Hors Sujet*, Fata Morgana, 1987, p.167 참조.

의했듯, 국가가 타자를 대우하는 것은 여러 시민 중의 한 시민으로서지 고유한 타자로서가 아니다. 그런 한에서 국가가 행사하는 정의로운 제도와 법은 그 보편적 특성들로 인해 타자의 독특성을 온전히 담아내지 못한다. 그에 말마따나 관료들이 볼 수 없는 타인의 눈물이 존재하며 나만이 타인의 비밀스러운 눈물을 볼 수 있다면,[38] 타인의 부름을 국가의 차원에서 온전히 해결하는 것은 근본적으로 불가능할 것이다. 직접적인 응답을 요구하는 타인 앞에서 나는 그에게 책임을 진다. 나의 책임의 유일성이 의미하는 것은, 한편으론 나는 타인에 대한 책임으로부터 결코 사면될 수 없다는 것, 다른 한편으론 나는 타인의 책임을 요구하거나 기다릴 수 없다는 것이다. 이 정의는 책임의 범위를 자신의 권한 내로 또 국가가 내세우는 평등주의적 규범 내로 한정하고 거기서 자족하려는 부르주아적 동일성을 문제삼는 것이라 할 법하다.[39]

그렇다면 레비나스는 왜 이런 식의 정의론을 펼치는 것일까? 그가 정의를 타인과의 대면적 관계로, 특히나 윤리적 책임으로 설정하는 이유와 이를 통해 그가 해결하고자 한 것은 무엇인가? 우선 우리는 레비나스가 살았던 시대적 배경, 그가 문제시했던 시대적 상황을 생각해볼 수 있을 것이다. 레비나스 철학의 밑바탕에는 20세기 극에 달한 역사적 사건들에 대한 경험과 기억이 놓여 있다. "나치가 학살한 600만 명 가운데 가장 가까웠던 이들을 기억하며, 그리고 모든 정파와 모든 민족의 수많은 사람들, 반유대주의와 똑같은 방식으로 다른 사람에 대한 바로 그 증오로 희생된 사람을

---

38) E. Levinas, "Transcendance et Hauteur", *Liberté et Commandement*, Fata Morgana, 1994, pp.97~98 참조.
39) E. Levinas, "Paix et proximité", *Altérité et transcendance*, Fata Morgana, 1995, p.141 참조.

기억하며"라는 『존재와 달리 또는 존재성을 넘어』의 서언은 그의 문제의
식을 분명히 보여 준다. 이런 배경에서 보자면 레비나스의 사유는 폭력과
인종주의라는 '근본 악'을 극복하고자 하는 나름의 대안이라 할 수 있을 것
이다. 그는 이 악의 대응방법으로 타자의 타자성에 대한 존중과 윤리적 책
임을 제시한다. 전쟁, 폭력, 인종주의에서처럼 타자를 억압하고 절멸시키
는, 또 자기화하는 일의 밑바탕에는 배제의 이데올로기가 놓여 있다고 믿
기 때문이다.

하지만 문제는 타자에 대한 배제가, 폭력과 전쟁을 통해 타자의 절멸
을 시도했던 나치즘과 같은 전체주의적 사고에서만 나타나는 특수한 현상
이 아닐 수 있다는 점이다. 선과 평화를 추구하는 레비나스에겐 원자적 개
인주의에 기초한 자유주의적 발상 또한 이런 혐의로부터 자유로울 수 없
다. "전쟁의 폭력은 존재 안에 순순히 머물려는 집착의 연장이다"[40]는 그의
진단처럼, 나의 존재를 고수하고 그것을 최고의 가치로 삼는 한에서 자유
주의는 언제나 타자에 대한 배제나 억압으로, 곧 폭력과 전쟁으로 변질될
위험이 있기 때문이다. 레비나스가 유럽식 민주주의 제도를 이런 문제의
해결책으로 보지 않는 것도, "두 번의 세계 대전을, 파시즘과 아우슈비츠를
막아낼 수 없었던 유럽의 민주주의 제도들의 연약성"[41]을 비판하는 것도
이와 무관치 않다.

이 점과 관련하여 우리는 레비나스의 인종주의 비판을 참조할 수 있
을 것이다. 그에 따르면 인종주의의 핵심은 민족들 사이의 유사성을 부정

---

40) E. Levinas, "The Vocation of the Other", ed. J. Robbins, *Is It Righteous To Be?*, Stanford
University Press, 2001, p.111.
41) E. Levinas, "La pensée de Moses Mendelssohn: Préface à la traduction de Jérusalem", *A
l'heure des nations*, Minuit, 1968, p.161.

하거나 그것을 확인하지 못한다는 사실에서 기인할 뿐 아니라, 더 중요하게는 민족들의 근본적이고 환원 불가능한 다름을 부정한다는 점에서 기인한다. 인종주의적 관계는 동일성과 자신의 고유성에 집착하며 낯선 것을 배제한다. 더욱이 낯선 것은 그들이 가진 문제와 걱정거리의 원인으로 지목되거나 희생양으로 전락하기까지 한다. 그들이 차이를 받아들이는 유일한 경우는 오직 그 차이가 지닌 특성이 동일한 근본적 계획 속에 있을 때뿐이다. 레비나스는 인종주의가 낳는 이런 적대적 행태의 원인으로 같은 것만을 고수하고 다른 것을 거부하는 배타성을 든다. 특히나 우리가 레비나스의 사유에서 중요하게 생각해야 할 것은 그가 인종주의를 어떤 왜곡된 신념을 가진 민족의 일탈에서 기인하는 이례적인 사건으로 보지 않는다는 점이다. 사람들이 자신의 존재에 집착하는 동일자로서 그 자신의 고유성을 유지하는 한에서 사람들은 잠재적으로 인종주의자일 수 있다는 게 그의 생각이다.[42] 이것이 함축하는 바는 사람들은 나치의 인종주의를 자신과 완전히 무관한 것으로 치부하여 제쳐둘 수 없다는 것이다. 즉 히틀러주의와 같은 인종주의는 예외적 도착으로 한정되는 것이 아니라 우리의 존재 자체가 만들어 낼 수 있는 영원한 가능성이라는 점이다.[43]

　　레비나스는 인간의 인간다움을 새롭게 사유한다. "코나투스보다 더 인간적인 인간의 사안이 있다. [……] 이것은 자신의 동일성 속에서 스스로를 충족하는 대자가 타자의 흡수 불가능한 타자성에 의해 깨어나는 것

---

42) 레비나스가 인종주의를 존재의 코나투스와 관련짓는 대목으로는 E. Levinas, "Questions", *Autrement que Savoir*, Osiris, 1988, pp.60~61 참조.
43) R. Burggraeve, "The Good and its Shadow: The View of Levinas on Human Rights as the Surpassing of Political Rationality", *Human Rights Review*, vol.6, no.2, 2005, pp.86~88 참조.

이고, 자기에 취해 있던 동일자가 끊임없이 일깨워지는 것이다."[44] 레비나스가 나와 타인이 맺는 책임의 관계를 근원적 사회성이라고 규정하고, 정의의 문제를 타인에 대한 책임이라고 사유한 것은 코나투스를 넘어서려는 그의 노력이라 할 수 있다. "다른 사람에 대한 책임만이 [……] '자신의 존재에 집착하는 존재'의 껍질을 꿰뚫는다"[45]고 그는 단언한다. 존재가 아니라 '존재와 달리'로, 동일자가 아니라 타자로 나아가기 위한 그 구체적 방식이 바로 타자를 위한 책임, 타자를 환대함으로서의 정의란 발상인 셈이다.

2. 『존재와 달리 또는 존재성을 넘어』의 정의관

『전체성과 무한』에서 레비나스는 타자와의 만남에서 출현하는 윤리적 책임의 무한한 특성이 존재의 질서를, 의식의 질서를 절대적으로 초과하는 방식을 밝히고자 하였다. 우리는 레비나스가 『전체성과 무한』에서 주장한 정의를 '타인에 대한 책임'이라고 요약할 수 있을 것이다. 이 정의는 타인과의 대면적 관계에 기초해 있으며, 그것의 범위나 실행 방식은 나의 자유나 자발성 혹은 나의 권한이나 능력을 벗어나 있다. 나는 타인에 대한 어떠한 물음에 앞서서 그에게 직접적으로 책임을 진다. 타인이 나에 앞서 있듯이, 타인에 대한 책임도 나에 앞선다. 하지만 『존재와 달리 또는 존재성을 넘어』에 오면, 레비나스의 정의관은 변화하는 것처럼 보인다. 이런 변화의 원인은 무엇보다 제삼자의 등장에서 기인한다.[46]

---

44) E. Levinas, *Dieu, la mort et le temps*, Grasset, 1993, p.31 [에마뉘엘 레비나스, 『신, 죽음 그리고 시간』, 김도형·문성원·손영창 옮김, 그린비, 2013, 39쪽].

45) E. Levinas, "Violence du visage", *Altérité et transcendance*, Fata Morgana, 1995, p.172.

46) 제삼자 개념에 대한 레비나스의 논의는 E. Levinas, "Le moi et la totalité", *Entre nous*,

제삼자는 누구인가? 레비나스의 설명에 따르자면, 제삼자는 "이웃과는 다르다. 그러나 또 다른 이웃이기도 하다. 그는 타자의 이웃이지만 단순히 타자와 비슷한 자는 아니다".[47] 그러니까 제삼자는 나와 직접 대면하지 않는 자들, 그럼에도 나와 대면적 관계를 맺고 있는 타자와 관계하는 자들, 따라서 내가 어떠한 방식으로든 응답해야 하는 자들을 일컫는다. 물론 제삼자를 한 명의 사람으로 제한할 필요는 없을 것이다. 제삼자가 의미하는 것이 타자와 관계하는 자들인 한에서, 제삼자의 문제를 타자들, 공동체, 인류와 관련한 문제로 확장하여 이해할 수 있기 때문이다.

레비나스는 제삼자의 등장이 "책임을 한계 지우며 문제를 탄생시킨다"[48]고 말한다. 제삼자의 등장은 왜 '책임의 한계'를 나타내는가? 제삼자의 등장이 타자를 향한 나의 책임의 일방향성에, 정의의 직선성에 문제를 제기하기 때문이다. 나와 대면하는 자들에 매번 책임을 다한다고는 하지만, 나와 대면하는 자들이 매번 다를 경우 그 책임의 방식이나 범위는 변경될 수밖에 없다. 내가 책임을 져야 하는 타자가 한 명으로 제한되지 않는다면, 타자들에 대한 나의 책임이 제한되는 일도 피할 수 없게 된다. 레비나스 역시 이 점을 부정하진 않는다. "모든 사람에 대한 나의 책임은 제한되는 가운데만 나타날 수 있고, 또 제한될 수밖에 없다."[49] '누구에게 책임을 다해야 하는가?', '어떻게 나의 책임을 분배해야 하는가?', '타자에 대한 나의 책임을 어떻게 보편적인 것으로 만들 것인가?' 하는 등의 문제도 등장

Grasset, 1991, pp.23~48; *Totalité et infini*, pp.187~190[『전체성과 무한』, 316~319쪽]; *Autrement qu'être ou au-delà de l'essence*, pp.195~207 참조.

47) *Ibid.*, p.200.
48) *Ibid.*, p.200.
49) *Ibid.*, p.165.

한다. 타자에 대한 나의 책임이 새로운 면모를 띠게 되는 것이다. 레비나스가 제삼자의 등장이 '문제의 탄생'이라고 말한 것도 이런 맥락에서다. 타자와 맺는 직접적 관계 속에선 '타자는 누구인가?', '나는 왜 타자에게 책임을 져야 하는가?'라는 문제는 제기되지 않았고, 또 제기될 수 없었다. 하지만 제삼자의 등장은 의식의 사태로서, 나는 비교할 수 없는 타인들을 비교해야 하는 상황에 놓이게 된다. 특히 "타자와 제삼자는 서로에 대해 무엇인가? 그들은 서로에게 무엇을 했는가? 타자 앞에 무엇이 지나가는가?"[50]라는 질문과 함께, 의식이, 재현의 필요성이 발생한다. 실제로 타자들 사이의 관계가 문제가 될 땐, 내가 어떤 행동을 취해야 하는가 하는 문제는 대면적 관계만을 가지곤 결코 해결할 수 없다. 문제는 여기서 그치지 않는다. 제삼자가 등장하는 사태는 어떤 외적 요소가 타인과 맺는 관계에 단순히 덧붙여지는 것이 아니라는 점에서 문제의 복잡성을 더한다. 왜냐하면 그 역할들은 결코 고정되지 않으며 언제나 뒤바뀔 수 있기 때문이다. 정의에 대한 재규정이 불가피한 이유다.

이렇듯 제삼자의 문제를 상정함에 따라 일어나는 가장 명백한 변화 중의 하나는 그것이 나로 하여금 타자와 제삼자 사이의 관계를 고려케 한다는 데에 있다. 레비나스가 "타자와 제삼자, 나의 이웃들이며 서로 동시대인들인 이들이 나를 타자로부터, 제삼자로부터 멀어지게"[51] 한다는 식으로 언급한 것은 이런 맥락에서다. 문제는 이렇게 고려되는 제삼자와 타자는 더 이상 윤리적 직접성 속에, 나와의 대면적 관계 속에 놓이지 못하고, 의식을 통해 고정되고 파악되는 동일자의 세계에 속하게 된다는 점이다. 그

---

50) Levinas, *Autrement qu'être ou au-delà de l'essence*, p. 200.
51) *Ibid.*, p. 200.

럴 경우 타자들은 동일성의 규정 안에서 재현 가능한 것이, 그래서 비교 가능하고 교환 가능한 것이 된다. 교환 가능하다는 것은 가역적이고 대칭적이라는 것을, 더 정확히는 통약 가능하다는 것을 의미한다. 책임의 분배가 야기한 이 상황은 타자의 주제화로 귀착되는 듯 보인다. 이것은 "비교할 수 없는 것들을 비교하는 것이며, 타자와의 관계로부터 그리고 문제에 앞선 말함의 근접성과 직접성으로부터 출발하여 동일자가 [타자들을] 주제화"[52] 하는 것이기 때문이다. 이런 점에서 『존재와 달리 또는 존재성을 넘어』에 나타나는 정의는 비교, 이해 가능성, 공시성과 즉각 연결된다. 그들 간에 일어난 행위나 상황 등을 재고 따짐으로써 공평성의 기준을 갖춘 정의가 전면에 등장하게 되는 것이다.[53] 특히나 비교할 수 없는 것을 비교하는 일, 즉 비교라는 보편적 범주로 타자들을 이해하는 일은 통용되는 특정한 기준을 통해 어떤 지배적인 사회 집단에 속한 항으로 타자들 귀속시킬 위험이 있다. 규칙을 적용하기 위해선 비교되는 대상을 하나의 동일한 평면에 위치시키는 일이 요구되기 때문이다. 비교되는 대상을 범주화시키는 것 위에서만, 차이의 체계를 통해 인간과 사회를 단순화시키는 것 위에서만 규칙은 적용될 수 있다. 결론적으로 말해서 '비교할 수 없는 것들을 비교하는 일'은 그 자신의 제한된 관점, 경험, 문화에 기초해서 타자들을 이해하는 것으로 귀착할 위험이 있다.[54]

이런 발상이 야기하는 또 하나의 문제는 책임의 직접성이 연기된다는 데 있다. 책임으로서의 정의는 절대적 긴급함 속에서 행해지는 타자에

---

52) *Ibid.*, p. 201.
53) 문성원, 『해체와 윤리』, 91~92쪽 참조.
54) S. E. Roberts-Cady, "Rethinking Justice with Levinas", ed. D. Manderson, *Essays on Levinas and Law: A Mosaic*, Palgrave Macmillan, 2009, pp. 252~253 참조.

대한 응답이다. 하지만 제삼자가 야기한 공평으로서의 정의는 물음의 시간을 갖는다. 물음이 물어지기 위해 정의가 연기되는 사태가 발생하게 되는 것이다.[55] "유일한 독특성들 뒤에서, **장르**의 개체들을 간취하고 비교하며 판단하고 판결해야 한다. 개체적인 것과 유일한 것의, 인격적인 것과 절대적인 것의, 마스크와 얼굴의 미묘한 모호성. 바로 여기에, 자비 그 자체가 요구하는 불가피한 정의의 시간이 있다. 정의의 시간, 다시 말해 인간이 유와 종으로 '모아지는' 그 시간. 비교할 수 없는 것을 비교하는 시간, 판단을 행해야 하는 제도들의 시간, 그 제도들이 공고해지는 국가들의 시간, 언제나 **지독한 법**(dura lex)인 보편적인 법의 시간, 법 앞에서 평등한 시민들의 시간"[56]이 등장하게 되는 것이다. 이런 정의는 의식의 지평에서 책임을 사유하게 하여 타자에 대한 즉각적인 책임을 중단시킨다.

레비나스의 이런 정의관은 우리를 당혹케 한다. 그것은 레비나스 자신이 『전체성과 무한』에서 극복하고자 했던 전체성의 면모를 띠기 때문이다. 사실 책임의 보편성 문제가 대두되고 정의가 공평과 평등의 차원에서 논의될 경우 책임, 즉 윤리의 문제는 정치의 문제로 귀착할 수밖에 없다. 정치는 나의 이해를 넘어서 있는 자들을 이해의 지평으로 포섭하여 그들을 비교하게 한다. 이런 일은 그들의 타자성과 초월성을 간과하거나 무화시킬 위험이 있다. 레비나스가 정치가 작동시키는 비교의 상황을 타자에 대한 '최초의 폭력'이라 말한 것도 이런 이유에서다. 레비나스는 이런 결과를 예상하지 못했던 것일까? 그렇지는 않았을 것이다. 그렇다면 그가 제삼자의 문제를 거론함으로써 정의를 재정의(再定意)할 수밖에 없었던 이유는 무엇일까?

---

55) Delhom, "Apories du tiers", 2002.
56) E. Levinas, "L'Autre, Utopie et Justice", *Entre nous*, Grasset, 1991, p.241.

우리가 생각해 볼 수 있는 가장 상식적인 답변은 인간들의 복수성, "나를 둘러싸고 있는 사람들이 많다"[57]는 사실일 것이다. 앞서 언급했듯 레비나스가 '나와 타자의 대면적 관계', 그리고 그 관계 방식으로서의 무한한 책임을 강조한다고 해서, 현실적인 차원에서 다수의 타자들이 존재한다는 사실을 무시할 순 없을 것이다. 레비나스가 『전체성과 무한』에서 과부, 고아, 이방인을 언급하고 『존재와 달리 또는 존재성을 넘어』에서 이웃을 언급했을 때, 그가 말하는 타자가 특정인으로 제한될 필요도 없을 것이다. 나에게 얼굴로 호소하고 요구하는 모든 자들이 타자일 수 있다는 말이다. "타인은 자아에 '들러붙어 있는 자', 가깝거나 먼 곳에서 자아에 책임을 지우는 자"[58]라는 식의 언급도 이 점을 잘 보여 준다고 하겠다. 나와 타자의 관계가 문제가 될 때, 그러니까 나와 타자 사이에서 문제가 발생할 경우에는 레비나스가 강조하는 무한한 책임을 통해 사태를 해결할 수도 있을 것이다. 내가 관계 맺을 수 있는 범위가 한정되어 있긴 하지만, 내가 관계하는 타자들이 매 순간 다르며 또 그렇게 무한한 만큼 그때마다 각각의 타자들에게 책임을 다할 수 있다는 말이다.[59] 하지만 이런 식의 관계 방식만으로 정의를 이룩할 수 있다고 결론 내리는 것은 사태를 지나치게 단순화하는 것이다. "정의는 가까이 있는 이들과 멀리 떨어져 있는 이들 사이의 구별이 없는 사회 속에서만 정의로 남는다"[60]는 레비나스의 말에서 드러나듯, 현실적으로 내가 모든 타자와 대면하는 것이 불가능한 상황에서 나와 대면

---

57) Levinas, "Violence du visage", p.172.
58) E. Levinas, "Humanisme et An-archie", *Humanisme de l'autre homme*, Fata Morgana, 1972, p.82.
59) 문성원, 『해체와 윤리』, 91쪽 참조.
60) Levinas, *Autrement qu'être ou au-delà de l'essence*, p.203.

하지 못하는 수많은 사람들을 외면하는 것은 결코 정의롭지 못한 일이다. 만약 이 점을 간과한다면 그의 철학은 지극히 사적인 관계에 적용될 뿐이라는, 나아가 우리의 현실을 제대로 반영하지 못할 것이라는 비판에서 자유롭지 못할 것이다.

다음으로 우리가 생각해 볼 수 있는 답변은 내가 마주하는 타자가 고립되어 있지 않다는 점이다. 레비나스는 타자를 가리켜 "유일한 얼굴이자 다른 얼굴들과 관계하는 얼굴, 정의에 대한 염려 속에서 보여지는 얼굴"이라 명시적으로 말한다.[61] 이것은 타자가 한편으론 자신의 관계 속에 이미 다른 타자와의 관계를 포함한다는 것을, 그럼에 따라 타자와 타자의 타자가 맺는 관계를 간과할 수 없다는 점을 의미한다. "그것은 이웃이 제삼자와 가지는 관계 탓이다. 이웃은 제삼자에 대해 죄가 있을 수 있다. 그러한 변환은 이웃 앞의 희생 그 자체 속에서 태어나는 정의에 기인한다."[62] 타자가 다른 타자에게 가하는 악이나 폭력이 문제가 될 때, 그들 사이에서 행해지는 일들을 판단하고 또 이를 통해 공평함을 추구하지 않고서는 그런 문제들을 해결할 수 없을 것이다. 책임의 절대성 속에서 나에게 가해지는 윤리적 명령이나 박해를 나는 받아들이거나 용서할 수 있다고 하더라도, 타자와 다른 타자 간의 관계가 문제가 될 때는 어떻게 하겠냐는 말이다. 레비나스가 "당신의 이웃이 또 다른 이웃을 공격하거나 정의롭지 않게 대한다면, 당신은 무엇을 할 수 있는가?"라고 물은 것도,[63] "타자와 제삼자에 책임을 지는 자로서의 나는 그들의 상호작용에 무관심한 채로 있을 수 없다"[64]고

---

61) Levinas, *Autrement qu'être ou au-delà de l'essence*, p. 201.
62) *Ibid.*, p. 114n29.
63) E. Levinas, "Ethics and Politics", ed. S. Hand, *The Levinas Reader*, Basil Blackwell, 1989, p. 294.

74 · 레비나스와 정치적인 것

말한 것도 바로 이 때문이다. 이것은 '각자에게 응분의 몫을 부여하는 것', '약자를 강자로부터 보호하는 것'이라는 정의의 일반적 관념과도 관련된다. 정의에 관심을 가져야 할 필요성 속에서 공평의 관념이, 보편성의 문제가 생겨나는 것이다. 아주 가끔이긴 하지만 레비나스는 폭력의 불가피성에 대해 말하기도 한다. 법정과 정치적 제도와 관련하여 정의를 논하는 가운데, 그는 정의가 함축하고 있는 폭력의 문제를 거론한다. 물론 우리가 예상하듯, 그때 허용되는 폭력은 '나'를 보호하기 위한 것이 아니라 '타자'를 보호하기 위한 것으로 한정된다.

이에 덧붙여, 레비나스가 놓인 처지, 특히 이스라엘에 대한 태도 등과 관련한 현실적 상황도 생각해 볼 수 있을 것이다. 이스라엘의 고통, 그러니까 디아스포라, 나치즘, 인종주의 그리고 반유대주의의 시련을 아는 레비나스에게 현실 국가로서의 이스라엘의 문제는 심각한 고민거리였을 것이다. 타자에 대한 무조건적 환대와 책임을 제시한 『전체성과 무한』의 저자에겐 오히려 그것이 주된 비판의 대상이 되었을 것이다. '누가 타자인가?', '누가 나의 이웃인가?'에 대한 레비나스의 입장 표명이 계속해서 요구되었을 법하다. 레비나스가 시오니즘에 대해, 국가 이스라엘의 건립에 대해 적극적인 입장을 표명하지 않은 것이 여러 유대인들의 냉담한 반응과 무관심으로 연결되었던 당시의 일반적 분위기 속에서 팔레스타인 문제는 그를 더욱 커다란 곤경으로 몰아넣었을 것이다. 그는 현실의 국가 이스라엘을 메시아에 대한 예언을 성취시키는 약속의 땅으로 결코 생각하지 않았다. 나치즘이 특정한 장소를 신비화한 것을 경계했던 그에게 이것은 너무나 당연한 일일 것이다. 더욱이 그는 이스라엘과, 이스라엘 때문에 살던 땅에

---

64) Levinas, "L'Autre, Utopie et Justice", p. 240.

서 쫓겨난 팔레스타인 사람들 사이의 분쟁을 해결하는 데 있어 팔레스타인 사람들의 발언권을 인정하기도 했다.[65] 팔레스타인 문제가 아주 첨예하게 대두되었을 때 그는 유대인이자 철학자로서 그 문제에 어떤 방식으로든 답해야 했을 것이고, 이런 식의 상황이 레비나스로 하여금 제삼자의 문제를, 정의에 대한 재정의의 문제를 고민하게 했을 것이다.

지금까지 살펴본 이유들로 인해 레비나스는 정의의 문제를, 대면적 관계에 한정하여 사용하던 종래의 사용법을 넘어서 다자 간의 관계로 확장하였다. 1954년의 「자아와 전체성」(Le moi et la totalité)에서 출발하여 1961년의 『전체성과 무한』과 1974년의 『존재와 달리 또는 존재성을 넘어』를 거쳐 1984년의 논문 「평화와 근접성」(Paix et proximité)에 이르기까지, 우리는 레비나스가 제삼자와 타자들을 경유하여 부차적 장소로 놓았던 정치적 존재론에 이르게 되었다고 평가할 수 있을 것이다. 비대칭적이고 무한한 책임, 윤리적 관계의 근접성은 정의의 요구(규칙, 법)와 비교와 계산(시민관계, 국가)과 겹쳐질 뿐 아니라 또 그것들에 의해 유지되는 것처럼 보이기도 한다.[66] 특히 「평화와 근접성」에 이르러서는 인간의 다수성과 관련한 '사회의 정치적 구조'의 중요성을 명확히 한다. 한편에선 레비나스 정의론의 독특성이 사라진다는 아쉬움을 표명할 수도 있겠지만, 다른 편에서

---

65) 마리 안느 레스쿠레, 『레비나스 평전』, 변광배·김모세 옮김, 살림, 467~478쪽 참조. 다음이 한 사례일 수 있겠다. "유대-아랍 사이의 문제로 끊임없이 회귀하는 것에 대해 나는 반대한다. 이 문제는 양쪽의 입장을 모두 살펴보아야 할 문제이다. 독백의 형태로 이 문제에 접근하는 것은 우리에게 그다지 도움이 되지 않는다. 양쪽의 입장을 살펴보아야 하지만, 현재 우리는 그렇지 못한 상태에 있다"(E. Levinas, *La conscience juive*, PUF, 1963, p.114. 레스쿠레, 『레비나스 평전』, 473쪽에서 재인용).

66) A. Horowitz, "Beyond Rational Peace: On the Possibility/Necessity of a Levinasian Hyperpolitics", eds. A. Horowitz and G. Horowitz, *Difficult Justice: Commentaries on Levinas and Politics*, University of Toronto Press, 2006, p.27 참조.

보자면 비로소 정의에 대한 일반적 발상을 받아들이게 되었다고 볼 수도 있을 것이다.

3. 정의의 아포리

우리는 『전체성과 무한』에 나타난 정의관과 『존재와 달리 또는 존재성을 넘어』에 나타난 정의관이 다른 면모를 띤다는 것을 확인했다. 레비나스는 『전체성과 무한』에서 정의를 타자와의 관계, 즉 책임으로 규정했다. 이것은 나와 타자의 형이상학적 비대칭성을 주장함으로써 전체성과 단절하려는 시도라 할 수 있다. 나와 타자 사이에 메울 수 없는 심연을 강조함으로써 나와 타자의 절대적 거리를 확보하고 이를 통해 타자를 '또 다른 나'로 간주하는 기존의 정의론에 정면으로 맞선 셈이다. 『전체성과 무한』에서의 정의는 대면적 관계에 기초한 종속과 높음의 차원에 자리한다. 이에 반해 『존재와 달리 또는 존재성을 넘어』에 와서는 정의를 공평의 차원에 위치시킨다. 정치 혹은 보편성을 사유하는 문제는 아르케, 정초, 정부의 주권성 및 그 행위로서의 제도에 연결되어 있다.[67] 제삼자의 등장이 야기한 이 변화는 레비나스 정의론이 갖는 독특성을 퇴색시키는 것 같다.[68] 제삼자의 등

---

67) S. Critchley, "Five Problems in Levinas's View of Politics and a Sketch of a Solution to Them", ed. M. Diamentides, *Levinas, Law, Politics*, Routledge, 2007, p.102 참조.

68) 데리다 역시 제삼자 문제가 레비나스 철학이 안고 있는 난점이라고 생각한다. "가장 큰 위험은 제삼자 문제, 특히 타자의 타자와 함께 등장한다. 제삼자는 얼굴들의 대면을 중단시키며, '모든 타자' 안에 동일자, 비교, 이성, 보편적 이해 가능성, 법의 수립(레비나스는 종종 이것을 '정의'라고 말했다)을 재도입하고, 또 재도입하게 한다"(J. Derrida, "Derrida avec Levinas: entre lui et moi dans l'affection et la confiance partagée", *Magazine littéraire. Emmanuel Levinas, Éthique, religion, esthétique: une philosophie de l'Autre*, no.419, 2003, p.33).

장으로 인해 타자는 윤리의 영역에서 정치의 영역으로 이동한다는 비판, 레비나스의 정의 개념도 결국은 상호성과 평등성으로 귀착하고 말 것이라는 비판도 전혀 근거 없는 이야기는 아닌 것이다.

우리는 이런 변화를 어떻게 이해해야 할까? 혹은 『존재와 달리 또는 존재성을 넘어』에서 나타나는 외관상의 충돌, 즉 "타자에 대한 나의 **대신함**을 조절하고 측정하는 정의, 자기를 계산으로 재구축하는 이 정의의 질서가 생산되는 것은 재현으로부터다. 정의는 재현의 동시성을 요구한다. 이 때문에 이웃은 가시적인 것이 되며, 얼굴에서-벗어나게 된다"[69]는 주장과, "어떤 방식으로든 정의는 사로잡힘의 약화가 아니며, **타자를 위함**의 퇴화가 아니다. 무원리적 책임의 삭감이나 제한이 아니고 무한의 영광의 '중립화'가 아니며 경험적 이유로 처음의 **둘**이 **셋**이 됨에 따라 일어나는 퇴화가 아니다"[70]는 주장의 괴리는 어떻게 해소될 수 있는가? 우리는 또한 다음과 같이 물을 수도 있겠다. 제삼자의 등장은 레비나스의 정의론을 변화시켰는가? 레비나스가 주장했던 책임으로서의 정의는 고전적 의미에서 공평과 공정을 의미하는 정치적 정의로 변하고 만 것인가? 이런 식으로 레비나스의 정의론은 끝나고 마는가?

레비나스는 거기에 동의하지 않을 것이다. 오히려 그는 "모든 것이 정의로 끝나버린다면, 왜 얼굴에 대해 그렇게나 많은 이야기를 했겠는가?"[71]라고 되묻는다. 많은 레비나스 연구자들은 제삼자의 출현이 주제화, 계산 그리고 판단의 필요를 일으킨다고 주장한다. 이를 통해 그들은 제삼자가

---

69) Levinas, *Autrement qu'être ou au-delà de l'essence*, p.202.
70) *Ibid.*, p.203.
71) Levinas, "The Paradox of Morality", p.175.

정치의 문제를 윤리에 도입한다는 점을 인정한다. 그들은 제삼자의 등장을 주체의 무한한 책임의 제한으로 이해하고, 제삼자는 형식적 정의를, 더 나아가 법을, 국가의 제도와 위계에서 표현되는 정치적 폭력을 요구한다고 말한다. 제삼자가 윤리의 비대칭성을 조정하여 레비나스로 하여금 사회적 정의로 나아가게 한다는 것, 이것이 그들이 해석한 레비나스 정치철학의 줄거리다.[72] 레비나스 역시 이런 해석을 전적으로 부정하진 못할 것이다. 문제는 여기서 그칠 경우 레비나스의 문제의식과 장점이 희석된다는 점, 레비나스의 정의론 또한 그간의 논의와 별반 다르지 않은 상투적인 결론에 이르게 될 가능성이 크다는 것이다. 물론 이것이 레비나스 사유의 최종 결론도 아니다. 우리는 제삼자 문제를 다른 방식으로 사유함으로써 레비나스의 의도를 추적해 볼 수 있을 것이다.

고려할 수 있는 첫 번째 답변은 제삼자를 개방성의 견지에서 사유하는 것이다. 레비나스에서 책임은 나의 열림과 연결되어 있다. 타인에 대한 나의 책임은 나의 자기중심성을 깨뜨리고 나의 경계를 무너뜨리는 역할을, 나를 자기중심적 공간에서 끌어내어 윤리로 인도하는 역할을 한다. 이런 견지에서 제삼자는 내가 특정한 한 타인과의 관계로 제한되는 것을 예방하는 기능을 한다고 볼 수 있다. 데리다는 한 저서에서 타자에 대한 무한한 책임이 낳는 문제점을 다음과 같이 지적했다.

나는 다른 타자들을 희생시키지 않고서 한 타자의 요구, 요청, 의무, 사랑에 답할 수 없다. […] 나는 어떤 한 타자를 책임질 수 있다. 그러나 그럴

---

72) V. Tahmasebi, "Does Levinas Justify or Transcend Liberalism? Levinas on Human Liberation", *Philosophy and Social Criticism*, vol. 36, no. 5, 2010, p. 534 참조.

경우 다른 타자들에 대한 나의 책임을, 윤리적이거나 정치적인 일반성에 대한 나의 책임을 행하지 못하게 될 것이다. [……] 나는 결코 이런 희생을 정당화할 수 없다.[73]

칸트 역시 이런 문제와 관련해 "우리와 관계 맺고 있는 사람들에 대한 친절은 종종 우리의 작은 원 밖에 있는 자들에게는 부정의일 수 있다"[74]고 말한다. 그런 점에서 제삼자의 등장은 한 타자에게 책임을 다하는 가운데 나 스스로 가질 수 있는 자기만족이나 그 관계의 충분성에 대한 자기 확신에 의문을 제기함으로써 나를 또 다른 열림의 차원으로 인도한다고 할 수 있겠다. 레비나스가 타인과의 관계를 에로스 관계와 구분하는 것도 이와 무관치 않다. 타인과의 관계는 타인과의 관계는 "사랑하는 이들이 향락 속에서 수립하는 관계", 즉 "제삼자를 배제하며 내밀함에", "둘만의 고독으로"[75] 머무는 관계와는 전적으로 다르다. 타인과 맺는 관계에선 감정적 유대나 선호와 같은 것이, 바라고 원하는 나의 주관적인 자발성이 완전히 배제된다. 레비나스는 이런 점을 강조하기 위해 타인과의 관계를 '반-에로스적인 관계', '달갑지 않은 것'과의 관계라고까지 말한다.[76]

한 타자에 대한 나의 책임이 또 다른 타자에 대한 나의 책임을 면해 주는 것은 아닐 것이다. 레비나스 역시 이 점을 잘 알고 있다.

---

73) J. Derrida, *Donner la mort*, Galilée, 1999, pp.99~101.

74) I. Kant, *Observations on the Feeling of the Beautiful and the Sublime*, trans. J. T. Goldthwait, University of California Press, 1960, p.59. W. P. Simmons, *An-Archy and Justice: An Introduction to Emmanuel Levinas's Political Thought*, Lexington Books, 2003, p.69에서 재인용.

75) Levinas, *Totalité et infini*, p.242[『전체성과 무한』, 401쪽].

76) Levinas, *Dieu, la mort et le temps*, p.204[『신, 죽음 그리고 시간』, 263쪽] 참조.

우리는 세계 속에 둘만 있지 않다. 적어도 셋이 있다. 만약 내가 끝까지 두 번째 사람만을 먹인다면, 만약 내가 절대적으로 그의 요청에만 답한다면, 나는 바로 그러한 사실로 인해 세 번째 사람에 해를 끼칠 위험을 안게 된다. 그 또한 나의 이웃인데 말이다. 그러나 내가 제삼자에게 귀 기울인다면, 나는 두 번째 사람에게 잘못을 범하게 될 것이다.[77]

앞서 언급했듯, 나와 타자의 관계가 아니라 타자들 간의 관계가 문제가 될 때는 상황이 더 복잡하다. "내가 너에 대한 나의 잘못을 인정할 때, 나는 바로 그 뉘우침으로 인해 제삼자에게 해를 끼칠 수 있다. 나의 의도가 나의 행위의 의미를 결코 정확히 측정하지 못하게 되는 것이다"[78]라고 레비나스는 말한다. 이런 관점에서 제삼자는 나의 의도와 의지를 벗어나 있는 것에 대한 책임을 부각시키는 주요한 수단이 될 수 있다. 제삼자는 행위의 의도와 행위에서 비롯한 객관적 질서 사이의 분리를 규정한다. 제삼자가 내가 결코 나의 것으로 인정하지 않았던 내 행위의 간접적 피해자가 될 수 있다는 발상은, 내가 대면할 수 없는 누군가와의 연관을 나는 어느 식으로든 인정하지 않을 수 없다는 생각에서 기인한다고 할 수 있겠다. "정의는 오직 가깝거나 먼 사람들 사이에 어떠한 구분도 없는 사회 속에서만, 하지만 또한 닫힘에 눈감는 것이 불가능한 사회 속에서만 정의로 남아 있다"[79]라는 주장이 의도하는 바도 이렇게 이해될 수 있을 것이다.

제삼자 문제는 보편성 문제에 접근하는 레비나스의 독특한 관점을 보

---

77) E. Levinas, "In the Name of the Other", ed. J. Robbins, *Is It Righteous To Be?*, Stanford University Press, 2001, p.193.

78) E. Levinas, "Le moi et la totalité", *Entre nous*, Grasset, 1991, p.29.

79) Levinas, *Autrement qu'être ou au-delà de l'essence*, p.203.

여 주기도 한다. 레비나스가 타자와의 직접적 관계를 강조한다고 해서, 그가 타자들과의 관계를 배제한 것은 아니라는 점을 우리는 살펴보았다. 여기서 주목해야 할 것은 그가 타자들과의 관계를 논함에 있어 불가피한 보편성의 문제를 제기하는 방식이다.[80] 그는 『존재와 달리 또는 존재성을 넘어』에서 다음과 같이 말한다.

> 타자의 근접성 속에서 타자와 다른 모든 타자들은 나를 사로잡으며, 그래서 이 사로잡음이 이미 정의를 외치고 계산과 앎을 요청한다.[81]

동일한 점이 『전체성과 무한』에서 이미 수차례 언급되고 있다.

> 제삼자는 타인의 눈 속에서 나를 응시한다. [……] 얼굴의 현전 —— 타자의 무한 —— 은 궁핍이며, 제삼자(다시 말해, 우리를 응시하는 모든 인류)의 현전이고, [……] 얼굴은 나를 응시하는 눈을 통해 제삼자와 인류 전체의 현전을 입증한다.[82]

> 타인의 얼굴이 우리를 제삼자와 관계 맺게 함에 따라, 타인에 대한 나의 형이상학적 관계는 우리라는 형식으로 흘러들어 가고, 보편성의 원천인 국가, 제도 그리고 법을 열망하게 된다.[83]

---

80) 알다시피 보편성이란 그것이 성립하는 범위 내에 있는 모든 개체에 동일한 원리나 법칙이 적용될 수 있음을 의미하며, 일반적 의미에서 정의와 부정의가 논의되는 것도 바로 여기에서다.
81) Levinas, *Autrement qu'être ou au-delà de l'essence*, p. 201.
82) Levinas, *Totalité et infini*, p. 188[『전체성과 무한』, 317쪽].
83) *Ibid.*, p. 276[451쪽].

공평의 문제를 언급하는『존재와 달리 또는 존재성을 넘어』에서 뿐만 아니라 책임의 문제에 집중하는『전체성과 무한』에서도 제삼자는 이미 논의되고 있다. 우리가 여기서 주목해야 할 것은 나와 제삼자가 관계 맺는 통로가, 다른 말로 표현하자면 보편성에 대한 열망을 추동시키는 것이 '타인의 얼굴'이라는 점이다. 물론 이것이 보편성의 영역 속에 대면적 관계의 독특성이 포섭되어야 함을 뜻하는 건 아니다. 레비나스는 보편성을 통해, 나와 타인의 관계를 포괄하는 전체성을 구성하려 하지도 않으며 또 그렇게 될 수 있다고 생각지도 않는다. 나와 타인의 관계를 체계 구성의 한 계기로 생각하는 것은 더더욱 아니다. 우리가 주목해야 할 것은 타자들이 나에게 들러붙어 있는 것도 '타자의 근접성 속에서'이고 제삼자가 나를 응시하는 것도 '타인의 눈 속에서'라는 사실이다. 보편성에 대한 사유가 타인을 통해서, 다시 말해 타인의 부름과 호소에 대한 응답의 와중에 드러나게 된다는 것이다. 실제로 제삼자에 대한 논의는 타자에 대한 무한한 책임의 특징들을 설명하는 가운데 나타난다. 여기서 레비나스가 강조하고자 하는 것은 보편성의 틀 속에 나와 타인이 '각기' 존재하는 것이 아니라, 나와 타인의 '관계' 속에서만 보편성은 비로소 논의될 수 있다는 것이다.[84] 레비나스는 정치, 즉 보편성의 문제를 사유할 때조차도 '나와 타인의 책임의 관계'

[84) 이런 점에서 타흐마세비는 자신의 논문에서 제삼자에 대한 두 가지 접근 방식을 제시한다. 첫 번째 접근 방식은 제삼자를 주체화, 비교, 판단의 필요만을 가져오는 사건으로 이해하는 것이고 두 번째 접근 방식은 윤리와 정치 모두를 위한 요구로서 제삼자를 고려하는 것이다. 그는 주체와 타자 사이의 관계는 자아와 그 외부 사이의 관계로, 두 전체성 사이의 관계로, 하나의 쌍으로 환원될 수 없다고 주장하며, 서구 자유주의 전통에서 유지되었던 개체성과 사회성 사이의 이분법이 레비나스의 윤리적 요구를 모순적이고 역설적인 것으로 독해토록 강제했다고 주장한다. 자세한 내용은 Tahmasebi, "Does Levinas Justify or Transcend Liberalism? Levinas on Human Liberation", pp.535~536 참조.

가 모든 관계의 근원이라는 생각을 단념하지 않는다. 제삼자가 레비나스의 작업 속에 공평과 평등에 대한 요구를 도입한다고 해서 '나와 타인의 비대칭성', '타인에 대한 아나키적 책임'이라는 근본 전제가 무효화될 수 없다는 말이다. 나는 타자와의 관계를 통해 비로소 나일 수 있으므로, 제삼자는 '고립된 나' 앞에 자리하는 것이 아니라 '타자에게 책임을 지는 나' 앞에 자리한다. 나는 개별적인 자로서 제삼자와 관계 맺는 것이 아니라, '타자에 대한 나'로서 그와 관계한다. 정치에 대한 물음이 제기되는 곳도 책임의 절대적인 근접성, 윤리적 관계의 직접성이지, 추상적인 보편성이나 개별적인 내가 아니다. "다수의 동시대성은 두 사람의 통시성에 묶여 있다"[85]는, "이웃으로서의 타인과 맺는 관계가 모든 타자들과 맺는 나의 관계에 의미를 부여한다"[86]는 말의 의미도 이와 무관치 않다. 레비나스가 정의를 논하는 가운데 대칭성과 상호성을 제공하는 보편적 원리나 법을 주요한 계기로 인정하고는 있지만, 그는 정의의 권한이 이런 것들로부터 도출된다고 생각하지 않는다. 정의의 권한이 도출되는 것은 내 앞에 있는 타자의 얼굴로부터다. 고통받는 타자의 얼굴이 나에게 다가오는 것은 일반적인 혹은 보편적인 범주의 한 사례로서가 아니라 절대적 타자성으로서다. 어떤 보편적 원리가 아닌 이 타자성이 정의를 요구한다.[87]

레비나스는 제삼자의 등장이 비교할 수 없는 자들을 비교해야 하는 상황을 야기한다고 주장했다. 그렇다고 해서 이 비교가 단순히 중립적인 계산에 머물 수 있는 것은 아니다. "타인 안에서 나를 사로잡는 모든 타자들

---

85) Levinas, *Autrement qu'être ou au-delà de l'essence*, p. 203.
86) *Ibid.*, p. 202.
87) Roberts-Cady, "Rethinking Justice with Levinas", p. 249 참조.

이, 본성의 유사성이나 공통성에 의해 내 이웃과 결합된 동일한 종류의 '표본들'로서 나에게 영향을 미치는 것은 아니다. 그런 것들은 인류를 개별화한 것들이거나 동일한 덩어리의 파편들일 뿐"[88]이라고 레비나스는 강조한다. 이런 식의 논의에는 타자들의 다수성이 전체성이나 집합적인 것으로 고려되어서는 안 된다는 강한 주장이 담겨 있다. 그런 점에서 타자들에게 무슨 일이 있었느냐와 관련된 나의 판단은 단지 동등성과 중립성을 토대로 하는 형식적 법의 문제로 귀착할 수 없다. 그들에게 행해지는 소위 형식적 평등은 그것이 고유한 타자를 어떤 목적을 위한 수단으로, 주제화 가능한 대상으로, 전체에 속해 있는 동일적인 각 부분으로 취급할 수 있는 탓이다. 타자와 맺는 관계, 이웃과 맺는 관계의 질서가 하나의 전체성을 이루게 될 때, 그들에 대한 나의 염려나 주의는 비도덕적인 것이 될 것이며 거기서의 나는 형식적 정의의 보편적 법을 수행하는 형식적 정의의 주체가 되고 말 것이다.[89] 보편적 범주들과 관련하여 타자와 제삼자, 그리고 책임을 논하는 것은 그들은 누구이며 나의 책임은 무엇인지를 설명하는 데 언제나 실패할 수밖에 없음을 의미한다. 그것들은 언제나 재현될 수 있는 것 이상이기 때문이다. 윤리적 명령이 근본적인 것으로 놓이고 재차 강조되는 것도 이런 위험을 넘어서기 위함이다.[90]

레비나스의 강조점은, 정의와 법적 시스템을 구분한다는 데, 정의는 형식적인 합법성 이상의 것을 요구한다는 데 있다.[91]

---

88) Levinas, *Autrement qu'être ou au-delà de l'essence*, p.202.
89) Tahmasebi, "Does Levinas Justify or Transcend Liberalism? Levinas on Human Liberation", p.537 참조.
90) Roberts-Cady, "Rethinking Justice with Levinas", p.248 참조.
91) 우리는 이 점과 관련하여 이념으로서의 정의와 법적 정의 사이의 관계에 대한 데리다의 논의를 참고할 수 있을 것이다. 데리다는 이념으로서의 정의를 무한한 것으로 규정하는 바, 이런

사실 정의는 그것의 보편성의 균등함 속에서 나를 포괄하지 않는다. 정의는 정의의 직선(ligne droite)을 넘어서도록 내게 독촉한다. 어떤 것도 그래서 이런 진행의 끝을 표시할 수 없다. 법의 직선 뒤에서는 선함의 땅이 무한하게 또 탐험되지 않는 곳으로 펼쳐지며, 독특한 현전의 모든 자원들을 요구한다.[92]

위에서 알 수 있듯이 정의란 결코 도달할 수 없는 미래와 관련되어 있고, 그런 점에서 부정의는 우리가 지금 여기서 완벽한 정의의 상태에 도달했다는 주장에서, 현재의 체제가 정의와 일치하며 자신의 확실한 자리를 가지고 있다는 주장에서 시작한다. "정의란 인간 대중을 규제하는 합법성이 아니다. [……] 정의의 기능은 '판단 기능'으로 제한되지 않는다. 즉 특수한 경우들을 일반적 규칙 아래 포섭하는 것으로 제한되지 않는다"[93]라고 레비나스는 단언한다. 타자가 인간의 이성에 들어맞지 않는 한, 내가 마주하는 모든 얼굴은 나의 이론을 방해하는 얼굴이며, 그의 타자성 역시 인간 담론의 친숙하고 제한된 용어로 결코 설명될 수 없을 것이다. 그것은 내가 가지고 있던 생각들을 다시 생각토록 강제하며, 더 나은 정의를 발견하려는 나의 열정을 새롭게 한다. 이런 이유로, 레비나스는 완전함을 주장하는 정의 이론에 회의적이다. 어떤 정의 이론이나 정의의 체계도 비판에 종속되어야 하며 대면적 마주침의 전망으로부터 다시 수정되어야 한다.[94]

정의는 현실의 법적 정의를 언제나 초과하고 넘어선다. 따라서 정의는 법 안에 온전히 담길 수 없게 된다. 그럼에도 이념으로서의 정의는 현실 속에서는 그 자체로 드러날 수 없는 것이지만, 그 무한성으로 인해 현실의 모든 법적 정의를 성립케 하는 근원의 역할을 하게 되는 것이다. 자세한 내용은 자크 데리다, 『법의 힘』, 진태원 옮김, 문학과지성사, 2004, 37쪽 참조.
92) Levinas, *Totalité et infini*, p.223[『전체성과 무한』, 372쪽].
93) Levinas, *Autrement qu'être ou au-delà de l'essence*, p.202.

레비나스의 작업 속에 공평으로서의 정의를 도입하는 제삼자, 더 근본적으로는 책임으로서의 정의와 공정으로서의 정의의 외견상의 대립을 도입하는 제삼자의 기능은 책임에 대한 레비나스의 견해를 그 과장된 윤리적 의미로부터 정치적으로 이해 가능한 용어로 변형시키는 것이 아니다. 이 점을 이해하는 것이 중요하다. 앞서 언급한 것처럼, 그가 정의를 타자와의 대면으로, 타자에 대한 책임으로 설정함으로써 강조한 것은 그 만남의 직접성과 구체성이다. 이런 식의 문제설정은 현상과 이해관계 너머에서, 추상성과 중립성 너머에서 타자와 관계 맺을 가능성을 제공하고 또 그 필요성을 강조하는 데 일조한다. 하지만 앞서 언급한 것처럼, 이 이면에는 보편성과 관련된 약점이 있다. 대면적 관계는 일대일의 관계인 까닭이다. 모든 타자가 나와 대면할 수는 없다. 내가 직접 마주하는 타자와의 만남이 무한하기 때문이며, 그 각각의 타자가 무한한 까닭이다. 특히 타자와 제삼자의 관계가 문제라면 새로운 차원이, 공정의 문제가 발생할 수밖에 없다. 문제는 이렇게 파악된 타자는 더 이상 타자라 이름할 수 없다는 데 있다. 동일자의 규정 안에 들어온 자는 윤리적 직접성의 영역에서 탈구되어 의식을 통해 파악되는 동일자의 세계에 속할 것이기 때문이다. 존재들 사이의 비교나 판단이 가능해지는 것도 이 때문이다. 그렇다면 타자에 대한 책임은 제삼자의 개입으로 무화되는 것인가? 책임과 공정은 모순되는 것인가? 그렇지 않다.

레비나스가 강조하는 것은 비교와 판단의 이면에 자리하는 대면적 윤리다. 재현의 영역은 대면의 영역에서, 다른 말로 하자면 공정의 요구는 윤리의 무한함에서 기인하는 것이기에 그렇다. 책임에 의해 뒷받침되지 않

---

94) Roberts-Cady, "Rethinking Justice with Levinas", p.249 참조.

는 재현과 공정은 타자와의 관계를, 사회 속에서 내가 맺는 그 무수한 관계를 왜곡시키는 조작에 그칠 수 있다. 어쩔 수 없이 비교하되, 그 비교 이면에는 유일자로서의 독특성에 대한 고려가 항상 전제되어야 한다는 것이다.[95] 따라서 책임과 공정이 야기하는 외견상의 대립이 의미하는 것은 정치는 자신이 성취할 수 있는 것의 한계를 명확히 인식해야 한다는 것이고, 타자들이 나를 부른다는 이 사태는 단순히 나의 반성적 의식으로 축소될 수 없다는 것이다. 그것은 도리어 나의 소위 정의로운 행동이 타자들의 부름에 전적으로 응답하지 못한다는 의식이라 해야 할 것이다.[96] 정의의 문제가 의식의 탄생이라면, 레비나스는 이 의식은 도덕적 의식임을, 스스로를 문제 삼는 의식임을 주장하는 것이다. 레비나스는 정의와 통약 가능한 규범이나 프로그램에 기초해서 정의를 추구하는 것에 반대한다. 정의는 정의를 성취하기 위해 사용되는 수단과 결코 일치하지 않는다.[97] 그렇지 않다면, "정의의 숭고하고 어려운 작업은 단순한 정치적 계산으로 — 심지어 전체주의적인 오용으로 — 변형"[98]되고 말 것이다. 정의가 의미를 지닐 수 있는 것은 그 속에서 정치 공동체의 추상적인 시민을 만날 때가 아니라 그들의 개별성 속에서 이웃인 타자를 만날 때이다. 따라서 정의에 대한 요구는 법 앞에서의 평등을, 또 법의 추상성을 얼굴의 유일성 속에서 새롭게 사유케 한다. 레비나스의 철학은 우리에게 형식성과 윤리의 요구를 견주어 보라고 권함으로써, 아직 달성되지 못한 더 충만한 정의에 대한 열망을, 더

---

95) 문성원, 『해체와 윤리』, 91~93쪽 참조.
96) C. F. Alford, "Levinas and the Limits of Political Theory", ed. M. Diamentides, *Levinas, Law, Politics*, Routledge, 2007, p. 116 참조.
97) L. E. Wolcher, "Ethics, Justice, and Suffering in the Thought of Levinas: The Problem of the Passage", *Law and Critique*, vol. 14, no. 1, 2003, p. 110 참조.
98) Levinas, "Violence du visage", p. 172

정확히는 결코 충분히 달성되지 못할 정의에 대한 열망을 강화시킨다.[99]

레비나스 정의론의 특색은 타인에 대한 책임으로부터 정의의 요구가 발생한다는 점, 나아가 정치의 보편성의 영역 밑에 타인에 대한 책임이 이미 성립해 있다는 점을 내세운다는 데에 있다. 이럴 때 정의는 단순한 필요성에 의존하는 것이 아니라 타인에 대한 책임으로, 즉 타인의 고통에 대한 염려와 주의로서, 타인에 대한 행위로서만 가능할 것이다. 더욱이 타인이 처한 상황과 그의 처지가 내가 이미 차지하고 있는 자리와 필연적으로 관련을 맺는다면, 이 정의로부터 나는 결코 사면될 수 없다. 우리는 타인의 부름에 응답해야 할 책임이 있으며, 어느 누구도 이 책임에서 벗어날 수 없다. 우리가 타인의 부름을 무시하거나 거부할 수는 있겠지만, 이것은 오히려 책임의 실재성을 확인시켜 줄 뿐이다.

---

99) J. Stauffer, "Productive Ambivalence: Levinasian Subjectivity, Justice, and the Rule of Law", ed. D. Manderson, *Essays on Levinas and Law: A Mosaic*, Palgrave Macmillan, 2009, p.77 참조.

4장 레비나스의 인권론: 타인의 권리[1]

우리는 인권의 정당화 작업이 다양한 방식으로 논의되었으며, 그에 따라 인권의 내용과 그 실천 방안도 상이하게 설명되어 왔음을 잘 알고 있다. 인권의 적용범위와 관련한 보편성/특수성 논쟁이나 인권과 정치의 관계 문제, 거기서 국가가 차지하는 역할 등에 대해서도 논의가 이어져 왔다.[2] 현대 철학에서 인권이 주요한 주제로 다뤄지고 있는 이유 중 하나는 인권 담론이 내포하는 정치성 때문일 것이다. 인권은 "한 사회의 정치제도와 법 질서의 적정함에 대한 필수조건"[3]으로 자리매김 했다는 롤즈의 선언에서 잘 드러나듯, 그 실질적 내용이 어떻든 인권 주장은 현실 정치의 폐쇄성과 폭력성을 드러내어 그것을 개선하고 변혁하는 주요한 수단으로 작용할 수 있다. 권리는 한 사회에서 합법적 기준으로 기능하는 만큼이나, 동등하게 권리를 부여하지 않는 현존하는 법적 형식에 대한 반박으로 기능하기 때

---

1) 이 장은 김도형, 「레비나스의 인권론 연구: 타인의 권리 그리고 타인의 인간주의에 관하여」, 『대동철학』 60집, 대동철학회, 2012를 수정 보완한 것이다.
2) 인권의 전사(前史)를 다루는 것은 우리의 목표가 아니다. 이와 관련된 내용은 김비환, 「가치다 원주의 시대의 인권규범 형성: 정치철학적 접근」, 『정치사상연구』 15집 1호, 한국정치사상학회, 2009, 12쪽 이하 참조.
3) 존 롤즈, 『만민법』, 장동진·김기호·김만권 옮김, 아카넷, 2009, 134쪽.

문이다. 합법성과 열망이라는 이 두 기준은 시공간적으로 동거하는 가운데 서로 불화할 수 있다. 더 정확히는 불화할 수밖에 없다. 그렇기에 오직 법적 권리만이 신뢰 가능한 방식으로 개인을 보호할 수 있다는 주장은 논란의 여지가 많다. 법의 영역으로 권리를 확장하는 일이 정당한 기획이라 하더라도 이것에만 치중할 경우, 정의가 법적 권리 너머의, 합법성 너머의 지점과 관련된다는 점을 부정하거나 망각하게 할 위험이 있다.[4]

이번 장에서는 레비나스의 인권 사유를 추적하고자 한다. 우리는 레비나스의 사유 속에서 정치적인 것 너머로서의 인권, 모든 사회정치적 질서와 합리성에 대한 비판적 문제제기로서의 인권이라는 발상을 검토할 것이다. 인권에 대한 레비나스의 관심은 그의 작품 곳곳에서 나타난다. 우리는 레비나스가 1934년의 「히틀러주의 철학에 대한 몇 가지 반성」[5]에서 프랑스 인권 선언이 전제하는 인간의 자유나 이성의 허약성을 비판하는 대목이나, 1961년의 『전체성과 무한』에서 "타인의 비참함을, 그의 고향 상실을, 낯선 이로서의 그의 권리"[6]를 강조하는 대목을 어렵지 않게 확인할 수 있다. 그렇지만 그의 인권 사유가 적극적으로 표명된 것은 1980년대에 발표된 4편의 논문, 1981년의 「재현 금지와 '인권'」, 1985년의 「인권과 타인의 권리들」, 「인권과 선의지」, 1989년의 「다른 인간의 권리들」에서다.[7]

---

4) J. Stauffer, "Productive Ambivalence: Levinasian Subjectivity, Justice, and the Rule of Law", ed. D. Menderson, *Essays on Levinas and Law: A Mosaic*, Palgrave Macmillan, 2009, p.77 참조.

5) E. Levinas, "Quelques réflexions sur la philosophie de l'hitlérisme", *Les Imprévus de l'histoire*, Fata Morgana, 1994, pp.23~33.

6) E. Levinas, *Totalité et infini: Essai sur l'extériorité*, Martinus Nijhoff, 1961, p.49[에마뉘엘 레비나스, 『전체성과 무한: 외재성에 대한 에세이』, 김도형·문성원·손영창 옮김, 그린비, 2018, 102쪽].

7) 차례대로 E. Levinas, "Interdit de la représentation et 'droits de l'homme'", *Altérité et transcendance*, Fata Morgana, 1995, pp.127~135; "Les droits de l'homme et les droits d'

레비나스 철학에서 인권을 중점적으로 사유하는 일이 그의 철학의 본질적 강조점에 반하는 것은 아닌가, 혹은 적어도 그의 중심적 문제의식을 희석시키는 것은 아닌가 하는 의구심이 들 수도 있을 것이다. 인권의 문제 하면 응당 떠오르는 보편성의 문제와, 나보다는 타인을, 자유보다는 책임을 강조하는 타자의 철학자가 공존할 수 있는가 하는 문제도 중요하게 제기될 수 있다. 하지만 레비나스의 인권 사유는 그의 철학적 문제의식을 보여 주는 구체적 사례일 수 있으며 우리는 거기서 인권 담론의 새로운 지평을 확인할 수도 있을 것이다. 짐작하겠지만, 레비나스의 인권 사유는 자유주의적 개인주의의 반영이나 확대로 이해되었던, 성장하는 부르주아의 이데올로기로 치부되었던 근대적 인권 담론 및 거기서 발전한 자유주의적 인권 담론과 그 근본에서 차이가 난다.

1. 근대 인권론 비판

'인권'은 별 어려움 없이 자신의
예언적이고 윤리적인 깊이로부터 풀려날 수 있는가?[8]

인권이 함의하는 정치적 성격은 인권은 무엇인가라는 물음과 관련되어 있고, 인권에 대한 이해는 인간이란 무엇인가, 사회란 무엇인가라는 물음과 무관치 않다. 자신이 전제하고 있는 인간 이해에 따라, 자신이 내세우고자 하는 정치 질서에 따라 인권의 내용이나 의미, 인권의 정당화 근거 역시 다

---

autrui", *Hors Sujet*, Fata Morgana, 1987, pp.159~170; "Les droits de l'homme et Bonne Volonté", *Entre nous*, Grasset, 1991, pp.215~219; "Les droits de l'autre homme", *Altérité et transcendance*, Fata Morgana, 1995, pp.149~153.

8) E. Levinas, "Avant-propos", *L'au-delà du verset*, Minuit, 1982, pp.12~13.

를 수 있다는 말이다. 그런 점에서 인권 담론에 대한 이해는 그 내면에 있는 다양한 의도에 대한 이해를 필수적으로 수반한다고 할 수 있겠다.

레비나스는 현재 인권 담론이 주요한 토대로 삼고 있는 근대적 인권관이 인간의 인간성을 구현하는 데, 또 정의로운 사회를 이룩하는 데 명백한 한계를 지니고 있다고 생각한다. 그런 식의 인권은 동일성의 굴레를 벗어날 수 없다고, 또 그렇게 그것의 확장으로서의 전체성이 야기하는 폭력을 극복할 수 없다고 믿기 때문이다. 인권에 대한 레비나스의 비판적 접근 방식 역시 『전체성과 무한』에서 집중적으로 제기되었던 전체성 비판과 그 궤를 같이 한다. 알다시피 레비나스에 있어 전체화 작업이 일으키는 문제는 그것이 타자와 관계하는 특수한 방식에서 기인한다. 전체화는 타자를 하나의 집합이나 단일한 체계의 통일성 아래로 모으면서 타자의 타자성을 제거해 버린다. 서양에서 통일성의 근간을 이루는 이런 평준화에 대한 비판이 겨냥하는 목표는 분명 전체주의다.[9] 앞서 우리는 레비나스의 전체성 비판이 갖는 정치적 차원이 나치즘과 국가사회주의를 겨냥할 뿐만 아니라 자유주의 이론이 채택하는 소위 '소유적 개인주의'를 향하고 있음을 살펴보았다.

근대 인권 담론에 대한 레비나스의 평가는 다음과 같이 정리할 수 있을 것이다.

첫째, 근대 인권은 에고이즘을 보장하고 확장하는 수단에 불과하다는 것이다. 근대 인권 담론이 전제하는 개인은 코나투스 에센디로서의 자아, 즉 '자신의 존재에 머물고자 집착하는 존재자'다. 인간의 인간성 밑바탕에

---

9) S. Davidson, "The Rights of the Other: Levinas and Human Rights", *Totality and Infinity at 50*, eds. S. Davidson and D. Perpich, Duquesne University Press, 2012, p.173 참조.

는 에고이즘이 놓여 있고, 그런 한에서 나는, 나의 자유와 나의 욕망은 그 자체로 존중된다. 끝없는 자기 긍정과 자기 확장, 이런 것들이야말로 근대 인권 담론이 추동하는 인간의 모습이다. 근대 인권 담론이 소유권을 중심으로 논의되었다는 점은 결코 우연이 아니다. 문제는 이런 방식의 논의가 가져오는 결과다. 근대 인권이 문제 삼는 것은 오로지 나의 권리며, 그것이 전제하는 지평 역시 나의 자유와 재산으로 대변되는 존재론이다. 소유권을 중심으로 하는 인권 담론의 목표 역시 개인의 사적 영역의 독립성을 확보하고 이를 통해 자신의 자유를 구체화하는 것이었다. 그때의 자유란 "타자에 맞서서 자신을 유지하는 것, 타자와 맺는 모든 관계에도 불구하고 자아의 자족성을 확실히 하는 것"[10]이며, 그렇기에 자유에 기초한 인권 역시 "여기-있음, 즉 생존의 권리로, 삶을 유지케 하는 욕구를 만족시킬 권리"로[11] 한정될 수밖에 없었다. 근대 인권 담론이 가능케 했던 인간 해방과 인간 평등에 대한 요구를 존중하면서도, 레비나스는 현대의 관점에서 그것을 비판적으로 평가한다. 모든 인간은 동등한 권리의 소유자라는 평등 의식 내면에는 자신의 권리 추구의 정당성을 인정받으려는 욕구가, 자기 자신을 소유하고 지배하려는 '동일자의 제국주의'가 놓여 있다는 것이 그 핵심이다. 자기 권리를 확고히 하려는 관심에서 출발해서는 비록 그것이 서로의 권리를 존중하자는 동의에 이른다 할지라도 자아의 이해관심을 제거하지 못하기 때문이다. 기껏해야 그것을 조절하거나 은폐할 수 있을 뿐이다. 타자의 권리 또한 나의 존재 권리를 위협할 수 있기에 종국적으로는 내 자유와 권리의 대립물로 여겨질 것이다. 이것이 바로 레비나스가 염려하

---

10) Levinas, *Totalité et infini*, p.16[『전체성과 무한』, 48쪽].
11) Levinas, "Les droits de l'autre homme", p.150.

는 "인권에서 출발한, 만인에 대한 만인의 투쟁!"[12]이다. 근대 인권 담론에서 나와 타자의 평화적 관계는 요원해 보인다.

둘째, 근대 인권 담론은 '재현'과 관련되어 있다는 것이다. 레비나스에 따르면, 근대 인권 담론에는 재현의 이론적 특성이 내재해 있다. 특히나 그가 문제 삼는 것은 재현이 타자와 관계하는 방식이다. 재현은 언제나 동일성의 형식에 머물며, 의식의 동일성 속에서 차이와 외재성을 제거한다. 재현의 이해가능성 속에서 나와 타자의 구분은 사라지며, 타자는 사유하는 주체의 의식 속에서 이해 가능한 대상으로 전락하고 만다. 이런 식의 방식에서 타자는 결코 그 자신으로 고려되지 못한다. 실제로 근대 인권 담론은 어떤 특권적 개인을 상정하지 않는다. 각 개인은 자유의지를 가지고 있다는 점에서, 본래적 권리인 소유권을 가지고 있다는 점에서 동등하다. 그 형식상의 평등주의가 근대 인권의 토대를 이룬다. 하지만 이런 식의 방식에서 타자는 다른 자아로 이해될 뿐이다. 달리 말해서 자유로운 자아와 그의 고유한 이해관계가 타자들의 권리의 초석이 된다.[13]

> 우리가 알아야 할 것은 인간의 권리란 바로 자아의 권리라는 점이다. 인간은 자아나 시민으로 이해되지 그의 환원 불가능한 근원성이나 타자성에서 고려되지 못한다.[14]

---

12) Idid., p.151.
13) R. Burggraeve, *The Wisdom of Love in the Service of Love: Emmanuel Levinas on Justice, Peace, and Human Rights*, Marquette University Press, 2002, pp.76~77 참조.
14) E. Levinas, "Transcendance et Hauteur", *Liberté et commandement*, Fata Morgana, 1994, p.71.

그런 한에서 타자 및 타자의 권리가 나와 나의 권리의 대칭물로 환원되는 것을 피할 수 없다. 자유주의적 사유 속에서 자신의 권리에 대한 회의, 나아가 권리 일반에 대한 회의와 반성을 찾아보기 힘든 것은 이 때문이다.[15] 인간은 모두 인권을 갖고 있다는 식의 발상 근저에는 서로 다른 유일한 인간들을 '보편적 인간'이라는 이미지로 포괄하는 보편성의 요소가 자리잡고 있다. 이 보편성 속에서 개인의 유일성은 사상(捨象)되고 '공통적인' 인간 가치만이 내세워진다. 인간에 대한 동등한 존중이란 발상은 이런 관점에서 도출되는 것이고, 그 토대에는 근대적 인간관과 도덕관이 놓여 있다. 인간은 자율적 존재로서 자체 목적적이며 보편적 가치를 지닌다는 발상 말이다. 레비나스에 따르면, 이런 식의 평준화 내면에는 서양의 역사를 지배해 왔던 보편성에 대한 열망과 사유의 우위가, 또 사유의 재현 방식이 작동하고 있다. 레비나스는 인간의 동등성을 전제하는 이 같은 방식이 인간의 고유성을 무시할 수 있다며 이를 넘어서고자 한다.

셋째, 근대 인권 담론은 '국가'라는 틀 속에서만 의미를 가질 수 있다는 것이다. 인권이 그 구체성을 획득한 것은 그것이 근대 국민국가에 편입되어 '시민권'의 형태로 정식화된 이후다. 근대의 인권은 특정한 정치 공동체에 속한 사람들의 권리, 정치 공동체의 구성원이 갖는 특정한 정치적 권리, 다시 말해 시민 계급의 권리로 용인되었다. 그런 한에서 인권은 재산을 가진 시민들의 자기 보장 수단으로 작용할 수 있었고, 인간으로 인정받지 못한 사람들, 그러니까 특정 국가의 시민으로 인정받지 못한 사람들은 전혀 고려의 대상이 되지 못했다. 알다시피 시민권(citizenship)이란 단어는 도시(city)라는 단어와 밀접한 연관을 맺고 있다. 이것은 근대 시민권

---

15) 문성원, 『배제의 배제와 환대』, 동녘, 2000, 143쪽 참조.

이 자본주의 경제의 중심이었던 근대 도시의 발전과 밀접한 연관이 있음을 보여 준다. 도시민 부르주아의 성장은 자본주의의 성장과 그 궤를 같이 한다. 그런 점에서 부르주아가 시장의 발달과 교환 관계의 확대를 해치는 모든 위계적 사회 구조를 거부한 것은, 국가란 그 구성원인 시민의 생존과 자유 실현을 목적으로 형성되고 유지되는 인위적인 공동체에 불과하다고 믿은 것은 당연한 귀결이다. 국가의 기원이 인간 스스로가 타고난 고유한 권리, 특히나 소유권을 지키기 위한 방편으로 이해되는 한에서, 국가의 역할은 자유로운 시장에서 일어나는 거래들을 관리 감독하는 것으로 한정될 수밖에 없다. 국가가 관장하는 공간 내에서 인권은 소유적 개인들의 양보와 타협의 산물이다. 물론 이것은 노골적인 폭력보다 나을 것이다. 하지만 그때의 인권은 언제나 타자에 대한 적대심과 에고이즘의 흔적을 담고 있다.[16]

그것을 인식하는 것이 관건인 인간의 권리란 자아의 권리다. 인간은 한 자아로서, 한 시민으로서 이해되는 것이지, 상호성과 체계 속에서는 결코 다다를 수 없는 그의 타자성의 환원 불가능한 근원성 속에서 이해되는 것이 결코 아니다. 보편성 그리고 평등주의적 법은 원시적 에고이즘들을 대립케 하는 갈등에서 기인한다. 실재의 존재는 자신의 존재를 **나를 위해**(pour moi) 끊임없이 의미화한다. 이런 의미에서의 관념론은 에고이즘이다.[17]

---

16) Davidson, "The Rights of the Other", p.177 참조.
17) Levinas, "Transcendance et Hauteur", p.71.

레비나스가 특별히 문제 삼은 것은 국가가 타자의 문제에 온전히 답할 수 있느냐 하는 점이다. 국가는 정의의 이름으로 법과 제도를 통해 다수의 개인들과 관계하지만, 국가 체계가 담고 있는 익명성과 경직성은 타자의 고유한 상황을 알아보지 못한다. 국가가 관계하는 타자는 여러 자아들 중 한 명일뿐이다. 사람들 사이에 유사성이 있음을 부정할 수 없겠지만, 이런 유사성을 대칭성으로 보는 것은 잘못된 일이다. 이성적 고려를 통한 외적 질서의 강제와 객관적 질서의 수립, 보편적 진리가 보장하는 평화, 이런 것들도 타자의 유일성을 고려하는 데 한계가 있다.

실제로 근대적 인권 개념에 대한 비판은 인권 개념 자체가 갖고 있는 추상성이나 오류에 대한 문제제기인 동시에, 그것이 전제하고 또 목표하는 인간 관계나 정치 질서에 대한 도전이자 극복의 노력이다. 근대 인권은 인간의 권리이지만, 주지하다시피 그것이 주장하는 것은 개인의 권리였다. 우리는 개인의 권리 주장이 봉건제와 교회 권력에 대한 저항인 동시에 새로운 경제 관계의 재편과 맞물려 있음을 알고 있다. 17세기 들어 유력한 사회계급으로 등장한 부르주아 계급은 자신의 경제적 지위에 부합하는 사회 정치적 질서를 요구하게 되었고 또 이를 가능케 하는 전제 조건으로서 새로운 인간상의 확립이 무엇보다 필요했다. 그것이 바로 개인이다. 그런 한에서 근대 인권론에 대한 비판은 개인으로서의 인간에 대한 비판, 인간다운 삶의 장으로 간주되던 시민사회에 대한 비판이라 할 수 있을 것이다.

마르크스가 근대적 인권을 비판하는 것도 이 점과 관련해서다. 그가 「유태인 문제에 대하여」(Zur Judenfrage)에서 "이른바 인권 중에서 어느 것도 이기적 인간, 시민사회의 구성원으로서의 인간, 즉 자기에 매몰되고 자신의 사적 이익과 사적 의지에 매몰되어 공동체로부터 분리된 개인을 넘어서지 못한다"[18]고, "자유라는 인권의 실천적 유용화가 곧 사적 소유라는 인권"[19]이라고 말하면서 문제 삼은 것도 바로 근대의 인간관과 시민사회다. 그런 인간관은 인권을 마치 내가 소유하고 있는 것을 지키는 방편으로 이해하는 것이며, 거기서 '타자의 추방과 배제'는 불가피해 보인다. 이런 식의 논의가 부각시키고자 하는 바는 인권이 개인으로 하여금 자신의 이해관계가 다른 사람의 이해관계와 분리되어 있는 것으로 생각토록 이끈다는 것, 그 결과 인권은 사람들로 하여금 한 사람의 이해관계를 타자의 이해관계와 대립하는 방식으로 주장토록 한다는 것이다. 마르크스에서 시민사회에서의 권리는 사적 소유에 기초한 이기적 인간의 권리로서 "평등이라는 가면을 쓰고 이윤과 재산에 대한 법을 강제하는 그런 인간"[20]의 권리로 수렴되며 보편적이라고 참칭되는 자유는 실상은 자본가의 자유임이 부각시킨다. 마르크스는 이렇게 인권의 보편성이 갖는 허구성을 폭로하고 인권이란 발상이 실상 자본주의 경제체제의 특징 및 작동원리와 연관되어 있음을 드러낸다. 그럼으로써 권리의 보편성이나 중립성이 자칫 현존하는 지배/피지배 관계와 기득권을 은폐하거나 공고화하는 이데올로기적 기제로 작동할 수 있음을, 또 그렇게 작동하고 있음을 문제 삼는다. 근대적 인권 담론이 자유주의적 개인주의의 반영이나 확대로 이해되는 것도, 근대적 인권이란 부르주아의 권리를 옹호하는 이데올로기라고 평가되는 것도, 더욱이는 부르주아 계급이 헤게모니를 쥐고 있는 사회질서를 영속하기 위한 도구라고 비판되는 것도 이런 점들 때문이다.

주지하다시피 인권은 자유주의적 정치 사유의 주요한 특징 가운데 하

---

18) 칼 마르크스, 「유태인 문제에 대하여」, 『마르크스의 초기 저작: 비판과 언론』, 전태국 외 옮김, 열음사, 1996, 356쪽.
19) 앞의 글, 355쪽.
20) 자크 랑시에르, 『민주주의는 왜 증오의 대상인가』, 허경 옮김, 인간사랑, 2011, 127쪽.

나다. 정의로운 정치를 가늠하는 주요한 수단 중 하나로 간주되던, 개별적 시민의 권리를 보장하는 인권의 영향력은 신장되었고, 권리의 목록 역시 끝없이 확장되어 왔다. 하지만 자유주의적 인권 담론은 개인주의적이고 적대적인 공동체 모델을 증진시킨다는 이유로 비판받아 왔다. 우리는 근대적 인권이 안고 있는 명백한 경계들을 그 원인으로 제시할 수 있을 것이다. 국민국가라는 영토적 경계, 그 내부에서 시민권을 획득하기 위해 갖춰야 할 법적·성적 경계들, 이것의 토대를 이루는 재산권과 '소유자로서의 시민'이라는 발상, 이 모든 것들이 근대적 인권 개념 속에서 작동하는 배제 기제다. 근대적 인권은 인권의 보편성을 내세우지만, 보편주의가 함축하고 있는 동일화와 정상화 과정 그 내면에는 여전히 억압과 배제의 기술이 작동하고 있는 것이다. 실제로 우리는 '인권'을 무기로 적대적인 사회나 국가를 압박하거나 자신의 이해관계를 공고히 하는 여러 일들을 쉽사리 목도할 수 있다.

마르크스와 유사하게 레비나스 또한 이런 자기중심적이고 적대적인 공동체 모델을 거부한다. 그러나 이것이 레비나스로 하여금 인권이란 발상 자체를 부정하도록 이끌지는 않는다. 대신, 그는 '다른 사람의 인권의 현상학'을 발전시킴으로써, 인권에 대한 전통적인 이해를 다른 방식으로 변형시킨다. 그것은 한편으로 인권에 대한 전통적인 자유주의적 정당화로부터 자유로워지는 것이며, 다른 한편으로 인권을 여전히 정의로운 정치적 협의의 필요불가결한 부분으로 간주하는 데 있다. 레비나스의 인권론은 인권에 대한 일반적인 이의제기에 답하는 독특한 방식으로 인해, 인권 이론가들에게 흥미로운 주제가 될 것이다. 그가 비적대적이고 다른 중심을 가진 인권관을 주장하기 때문이다.[21]

2. 타인의 권리로서의 인권

> 인권은 구체적으로 내가 그 책임에 응답해야 하는
> 타인의 권리로서 의식에 나타난다.
> 다른 사람의 권리로서, 나에게는 의무로서 [……] 근원적으로 제시된다.
> 이것이 바로 인권의 현상학이다.[22]

인권에 대한 전통적인 자유주의적 정당화 방식이 소유적 개인주의라는 관점을 그 출발점으로 자신의 고유한 실용적 방향성을 채택한 반면, 레비나스의 인권관은 이런 실용적인 관계의 방향성을 뒤집는다. 표면적으로 이런 식의 변화는 중요치 않은 것으로 보일지도 모르겠다. 그것은 단지 에고이즘의 구조를 역전시킨 것이라고, 따라서 자아가 가지고 있던 권리를 타자에게 주는 것이라고 생각될 수도 있을 것이다. 만약 그렇다면, 소유적 개인주의라는 전제는 변하지 않을 것이며, 자아는 단지 타자의 자기중심적 요구들에 예속된 상황에 놓이고 말 것이다. 그러나 이런 식의 대답은 지나치게 단순하며 레비나스의 의도와도 완전히 무관하다. 그의 목표는 종래의 인권 담론을 그 개인주의적 토대로부터 분리시키는 것이기 때문이다.[23]

　3장에서 살펴보았듯, 레비나스의 정의는 권한을 가진 '나'가 아니라 세계 속의 자리를 박탈당한 '타자'에게서 출발한다. 정의란 모든 사람의 자유를 유지하고 보존할 객관적 질서를 수립하여 그것을 적법하게 적용하는 데서 발생하지 않는다. 정치적 합리성이나 효율성, 상호성이나 호혜성 속에서 논의될 수 있는 것도 아니다. 정의란 타자를 맞아들임이며, 타자에 대

---

21) Davidson, "The Rights of the Other", pp.172~173 참조.
22) Levinas, "Les droits de l'homme et les droits d'autrui", p.169.
23) Davidson, "The Rights of the Other", p.183 참조.

한 헌신이다. "비참함으로 탄식하는 가운데 들려오는 정의를 울부짖는 소리"[24]에 답하는 것이야말로 정의를 대하는 나의 자세인 셈이다. 레비나스가 정의를 책임과 연결시키는 주요한 이유 중 하나는 보편적인 것이 보편화되는 방식, 보편적인 것이 폭력적으로 강제되는 방식 때문이다. 자유주의 전통은 법과 권리의 주체는 자기 충족적이어서 자신이 져야 할 의무를 지는 데 동의할 수 있다는 점을 가정한다. 하지만 이런 입장은 왜 우리가 합법적인 의무를 넘어선 것에 책임이 있는지를, 배제되고 추방된 자들, 가난과 억압으로 고통받는 자들에 대해 누가 책임을 져야 하는지를 설명하지 못한다.[25] 정의의 문제를 타자의 문제로, 구체적으로는 약자에 대한 책임의 문제로 사유하려는 그의 노력은 인권에 대한 사유 속에도 고스란히 녹아 있다. "인권과 관련한 일군의 운동은 [……] 정의는 아직 충분치 않다는 인식에서 유래한다"[26]는 말에서 드러나듯, 레비나스에서 인권과 정의는 밀접한 관련을 맺고 있다. 뒤에서 논의하겠지만, 타자에 대한 책임으로서의 정의가 레비나스 인권론의 직접적 기초를 이루며 그것의 독특성을 생산한다.

알다시피, 인권은 개개인이 처한 특수한 상황이나 처지와 무관하게, 사회 속에서 차지하는 역할이나 지위와 무관하게 자신이 인간이라는 사실 그 하나만으로 부여받을 수 있는 권리로 이해되었다. 그런 한에서 인권은 개인이 속한 문화나 전통, 개인이 차지하는 권력이나 정치적 관계에 앞선 것으로 간주되었다. 레비나스 역시 인권의 선험적 특성을 강조한다. 그가

---

24) E. Levinas, "Le moi et la totalité", *Entre nous*, Grasset, 1991, p.41.
25) Stauffer, "Productive Ambivalence", p.76 참조.
26) E. Levinas, "Interview with Fançois Poirié", ed. J. Robbins, *Is It Righteous To Be?*, Stanford University Press, 2001, p.52.

인권을 가리켜 "실재의 결정론 안에서의 인간의 예외적 장소"[27]라고 말한 것도 이 때문이다. 그렇다고 해서 그가 종래의 방식대로 인권을 자연권의 전통에서 이해한다고 생각해서는 안 된다. 그는 인권을 자연의 산물이나 신의 선물로 여기는 것에 반대한다. "알 수 없는 신의 이름으로 인권을 생각하지 않는 것이 선한 철학에서 매우 중요하다"[28]고 그는 단언한다. 레비나스가 인권의 선험적 특성을 도출하는 것은 타자성의 윤리에서다. 구체적으로는 타자의 얼굴이 표현하는 '죽이지 말라' 속에서다. 그의 인권 사유는 "시민이라는 정체성 속에 감춰진 인간의 얼굴"[29]에서 출발하여 다른 사람과의 대면적 만남에서 그 구체적 의미를 재발견하고자 한다. 얼굴에 기초하여, 정확히 말해 그 벌거벗음과 직접성에 기초하여 권리를 사유하는 일은 기존의 인권 담론, 특히 근대 인권 담론이 지녔던 한계를 극복하는 일과 관련되어 있고, 거기에는 "익명적인 합법성의 형식주의가 현대 사회의 위기의 근원"[30]이라는 현실 인식이 배어 있다.

우선 레비나스는 서양 근대로부터 내려온 전제, 즉 인권의 담지자가 '개인'이라는 통념에 의문을 제기한다. 이 점에 대해서는 1985년의 「인권과 타인의 권리들」(특히 이 논문의 1장 '근원적 권리')과 1986년의 논문 「유일성에 대하여」[31](특히 이 논문의 5장 '개인에 앞선 유일자'와 6장 '정의와 유일자')를 참조할 수 있을 것이다. 레비나스는 인간을 개인(개체)으로 간주하는 근대적 인간관을 문제 삼는다. 인간을 개인의 관점에서 사유하는 것

---

27) Levinas, "Les droits de l'homme et Bonne Volonté", p. 217.
28) Ibid., p. 219.
29) E. Levinas, "De L'unicité", *Entre nous*, Grasset, 1991, p. 202.
30) E. Levinas, "Le Pacte", *L'au-delà du verset*, Minuit, 1982, pp. 103~104.
31) Levinas, "De L'unicité", pp. 195~203.

은, 인간을 유/개체라는 논리적 도식 안에서 생각하는 것은 인간의 인간됨을 이루는 본질적 측면을 놓칠 위험이 있다는 것이다. 레비나스에 따르면, 인간은 개체(l'individuel)이기 이전에 유일자(l'unique)다. 그는 "인격의, 즉 비교 불가능하고 유일한 대체 불가능한 자의 절대적 정체성"을, "종차나 개별적 차이에 복무하는 어떤 특징과 무관한 유일성"을[32] 강조한다. 개체는 유의 공통성에 종속되고 각 개체의 특수성은 개념에 의해 포괄되며 개체와 개체 간의 관계는 대칭성을 벗어나기 힘든 반면에, 유일자는 동화나 비교가 불가능한 자다. 유일자의 유일성은 유 안에 있는 다수의 개체들이 갖는 개체성을 넘어설 뿐 아니라 모든 유에 외재적이다. 레비나스가 이렇게 인간을 유일자로 보는 것은 인간을 동일화 불가능한 타자로 보는 것이기도 하다.

레비나스 인권론의 핵심은 그가 인권을 타자의 권리로 내세운다는 데 있다. "권리는 [……] 형식적인 타자성이나 상호성이 아니"[33]라고, **인간의 권리는 절대적으로 그리고 근원적으로 타인 속에서만 다른 인간의 권리로서 의미를 갖는다**[34]고 그는 강조한다. 이렇게 인권을 타인의 권리 속에 정초 짓는 일은 앞서 언급했던 자기중심적 권리 담론을 비판하는 것과, 특히 기존의 인권 담론이 기대고 있는 존재론적 함의와 단절하는 것과 관련된다. 인간의 권리는 재산이나 자격과 같은 것을 포함하는 존재론적 범주와 하등 관련이 없다. 그렇다면 레비나스에서 이 권리는 무엇이며 또 어디에서 출현하는가? 다른 식으로 표현하자면, 우리가 권리 주장과 맞닥뜨리게 되

---

32) Levinas, "Les droits de l'homme et les droits d'autrui", p.160.
33) Levinas, "De L'unicité", p.200.
34) Levinas, "Interdit de la représentation et 'droit de l'homme'", p.133.

는 최초의 근원적 상황은 무엇인가?

'살인하지 말라'는 얼굴의 의미이다. 이런 노출의 직접성 속에, 다른 인간
에 대한 나의 책임을 요청하는 권리에 대한 선언이 있다. 이것은 모든 언
어적 기호에 앞선 것이다. 그것은 나에게 할당되고 나에게 요청한다.[35]

레비나스에서 타자의 근원적 권리 주장이 나타나는 것은 타자와 맺는
대면적 관계 속에서, 더 정확히는 그 얼굴의 직접성 속에서다. 헐벗음과 궁
핍함으로 고통당하는 타자와의 만남 속에서, 타자가 나에게 책임을 요구
하고 나의 응답을 요청하는 상황 속에서 인권은 타자의 권리로서 나타난
다. 이런 식의 설명이 제시하는 특기점 중 하나는 그것이 권리에 대한 형식
적 분석이 전제하는 가역성을 불가능한 것으로 만든다는 데 있다. 레비나
스에서 인권의 주체는 보편적 인간이 아니라 구체적 인간, 비교 불가능한
유일한 인간, 더 정확히는 요구하고 명령하는 타자다. 이것이 함축하는 바
는, 인권이 목표하는 정의로운 사회의 중심에는 고통받고 상처 입은 약자
의 권리가 놓여 있어야 한다는, 약자의 요구에 응답하지 않는 것은 인권의
본래적 의미를 부정하는 것이라는 사실이다.

레비나스 인권론의 또 다른 특기점은 타자의 권리로서의 인권이 국가
나 시민권의 상호계약에 한정되지 않는다는 점이다. 이것이 의미하는 것
은, 타자의 인권을 보호하는 일이 배제된 자들, 소외된 자들에게 시민권을
부여하고 그들에게 법적 안전망을 제공하는 것으로, 그리하여 그들을 국
가 외부에서 국가 내부로 받아들이는 것으로 충족될 수 있는 게 아니라는

---

35) Ibid., p. 132.

점이다. 레비나스에서 타자의 권리는 그가 타자라는 바로 그 사실로 인한 것이지, 공동의 권리에 기초하여 타자에게 인정되고 허락된 것을 표현한 것이 아니다. 타자의 권리 주장은 모든 사람들을 평등하게 대하라는 법의 합법성을 선언하는 것으로, 부당하게 권리를 침해당한 자들도 호혜와 상호성에 입각해 그들의 몫을 얻어야 한다는 주장으로 한정되지 않는다. 이런 식의 논의는 레비나스로 하여금 인권을 '치외법권'(extra-territorialité)의 영역으로 설정하게 한다.[36]

> 인권 보호는 국가에 외적인 사명에 응답하는 것이다. 이것은 정치 사회에서 일종의 치외법권을 누린다. 이것은 정치적 이해와 전혀 다른 경계이며, 보편성의 형식주의에 굴복하지 않는다.[37]

레비나스는 인권이 자신의 정당성을 정치 영역에서 갖는 게 아니라고 강조한다. 그는 인권이 정치로 포섭될 수 없는 바깥과 관계하며, 그런 한에서 사회적 질서와 합리성을 그 근본에서 문제 삼는다고 주장한다. 인권은 국가에 의해 통합되거나 정치 제도들로 정착되는 순간 그 비판적 힘을 상실한다고 여기기 때문이다. "인권에 대한 염려, 이것은 국가의 기능이 아니다. [……] 국가 속에는 국가에서 비롯하지 않는 제도가 있다. 인권에 대한 염려, 그것은 휴머니티의 요청이며, 이는 국가 속에서 성취되지 않는다"[38]

---

36) 인권의 치외법권적 특성에 대한 이하의 논의는 R. Bernasconi, "Extra-Territoriality: Outside the State, Outside the Subject", ed. J. Bloechl, *Levinas Studies: An Annual Review*, vol. 3, Duquesne University Press, 2008, pp. 61~77 참조.
37) Levinas, "Les droits de l'homme et les droits d'autrui", p. 167.
38) Levinas, "Interview with Fançois Poirié", p. 68.

고 말한 것도 이런 연유에서다. 하지만 레비나스가 인권의 정당화를 국가 바깥에서 찾는다고 해서, 그가 국가 이전의 상태, 가령 '자연 상태'를 염두에 두고 있다고 생각해서는 안 된다. 근대 초기 권리 전통이 인권의 선험적 특성을 정당화하기 위해 '자연적인'이라는 형용사를 사용한 반면, 레비나스는 인권이 자연을 초월한다고 주장한다.[39] 그는 인권을 "순수한 자연 속에 포함되어 있을 비인간적인 면을 초월하고자 하는 요구"[40]와 연결시키고 그럼으로써 인권을 자연적 본성 너머에 위치시킨다. 자연 상태에서 전제되는 개인, 그리고 폭력적 죽임당함에 직면해 있다는 점에서의 개인 간의 평등, 이런 것들이 나타내는 것은 공동체나 정치 질서의 부재가 야기하는 혼란뿐이다. 따라서 이런 상황은 자연 상태의 위험을 극복하고 자신의 권리를 보장받기 위해서는 군주에 복종하는 것이 불가피하다는 결론으로 끝나고 만다. 혹은 경합하는 권리 요구를 조율하는 문제로 귀착한다. 반면에 타자의 권리는 '자연 상태의 심층에서' 성립한다. 그것은 "자연을 거스르는, 자연의 자연성 자체를 거스르는 문제"[41]인 것이다.

레비나스가 인권을 국가 너머에서 정초하려는, 더 정확히는 인권을 국가에 포섭될 수 없는 바깥과 연결시키려는 이유는 정치가 갖는 한계, 더 정확히는 정치에 대한 그의 인식 때문이다. 원자적 개인들로 점철된 사회에서, 정치 영역은 개인들 간의 투쟁의 장이다. 개인의 코나투스는 "서로 간의 투쟁에서, 만인에 대한 만인의 투쟁에서 나타나는 에고이즘들 속에서 극화된다."[42] 정치란 이런 개인들의 물리적 충돌을 막고 평화를 추구하는

---

39) H. Caygill, *Levinas and the Political*, Routledge, 2002, pp.152~154 참조.
40) Levinas, "Les droits de l'homme et les droits d'autrui", p.163.
41) E. Levinas, "Qui joue le dernier?", *L'au-delà du verset*, Minuit, 1982, p.78.
42) E. Levinas, *Autrement qu'être ou au-delà de l'essence*, Martinus Nijhoff, 1974, pp.4~5.

방식이지만, 그것은 종국적으로 계산과 중재의 성격에서 벗어나기 힘들다. 레비나스의 말로 표현하자면 "만인에 대한 만인의 투쟁은 교환과 상업"[43] 이라는 방식으로 겉모습만 바뀔 뿐이다. 타자의 권리 보호가 정치 영역에 내맡겨지는 한, 그것은 상호성에 입각해 또 그런 한에서 언제나 왜곡된 채 나타날 수밖에 없다는 게 레비나스의 판단이다. 국가와 법에 의존하는 정치적 필요성이 자연의 결정론만큼이나 엄격한 결정론을 구성할 수 있음에 주목한 것이다. 정치 영역에서 타자의 인권은 전체 체계와의 관련 속에서 자리를 배당받고 그 보편적 규범에 따라, 그 전체성에 안에서 판단된다. 타자로서의 타자의 권리가 제대로 보장될 여지는 없다. 그것은 "억압되고 허울뿐인 것으로 남아, 인권으로의 궁극적 복귀는 끝없이 유예"[44]되고 말 것이다. 정의의 추상적 규칙을 따르는 일이 새로운 전제정치가 되는 것을 막기 위해 정의가 언제나 정치와 다른 곳으로부터 문제시되어야 하는 것처럼, 우리는 인권의 보호와 실행을 정치에 내맡길 수 없다.[45] 더 중요하게는, 인권의 주체 및 그 작동 방식을 국가 내부로 한정 짓고 그리하여 인권을 시민권과 동일시할 경우 국가 외부로 밀려난 자들, 혹은 애당초 '그' 국가에 속하지 않았던 자들에 대한 권리 문제를 논하는 데 있어 큰 어려움을 겪게 된다. 이것의 극단적인 상황은 한나 아렌트가 『전체주의의 기원』(The Origins of Totalitarianism)에서 잘 설명했던, 모든 보호권을 박탈당한 국적 없는 사람들이 될 것이다. 레비나스가 "인권의 예언적 목소리는 정치의 간극으로부터 피어오르는 울부짖음 속에서, 정부 당국과는 무관하게 '인

---

43) Levinas, *Autrement qu'être ou au-delà de l'essence*, p.5.
44) Levinas, "Les droits de l'homme et les droits d'autrui", p.167.
45) Bernasconi, "Extra-Territoriality", p.72 참조.

권'을 보호하라는 그 울부짖음 속에서 들려온다"[46]고 말한 것도 바로 이 점을 겨냥한 것이다.

레비나스의 견지에서 보자면, 타자의 권리는 타자에 덧붙여지는 권리가 아니다. '타자의 권리'라는 개념에서 중요한 것은 그 권리가 일반적인 권리 개념에서 기인하지 않는, 적어도 수립된 법적 시스템으로 제한되지 않는, 더 정확히는 그것을 능가하는 고유한 개념이라는 것이다. 이렇게 말해도 좋다면, 타자로서의 타자가 '타자의 권리' 개념의 원천이다.[47] 이런 식의 논의는 재현적 사유 너머에서 타자를 만나고자 하는 레비나스 철학의 또 다른 귀결점이다. 권리라는 개념 자체가 인간과 인간의 규범적 관계 속에서 성립할 수 있으며 권리란 애초부터 사회적 범주임을 부정할 수는 없겠다. 어떤 규범을 적용하기 위해서는 그것을 뒷받침하는 제도나 권위 또는 강제력의 도움도 필요할 것이다.[48] 그럼에도 레비나스는 타자의 "모든 식별 표시에 앞서는 단일성, [……] 국가, 역사 및 자신을 속박하는 모든 논리적 형식들의 강압 속에서도 잊히지 않는 유일성"[49]을 주장하는 데서 물러서지 않는다. 타자는 언제나 '누구'로 남아 있을 뿐 결코 '무엇'으로 환원될 수 없다는 것이다. 타자는 자신의 타자성 안에서 권리의 주체로 수립되므로, 결코 "그 권리는 전체주의 논리가 행하는 세밀한 계산과 일치하지 않는다".[50] 타자의 권리를 보호하는 일은 내가 향유하는 권리를 타자 또한 누려야 한다는 평등 의식 너머를 향한다고 레비나스가 주장하는 것도 이 때

---

46) Levinas, "De L'unicité", p.202.
47) P. Hayat, *Individualisme Éthique et Philosophie chez Levinas*, Kimé, 1997, p.42 참조.
48) 문성원, 「현대성과 보편성(1): 인권, 자유주의, '배제의 배제'」, 『철학』 54집, 한국철학회, 1998, 266쪽 참조.
49) Levinas, "Les droits de l'homme et les droits d'autrui", p.160.
50) E. Levinas, "Questions", *Autrement que Savoir*, Osiris, 1988, p.61.

문이다. 타자의 권리는 그의 유일성과 독특성에 기초해야 하며, 그런 한에서 그 구체적 내용 또한 얼굴의 직접성 속에서 언제나 새롭게 창조되어야할 것이다.

인권의 구체적 실행을 위해 요구되는 제반 조건들과 관련해서도 레비나스는 유사한 입장을 견지한다. 그는 한 인간의 삶과 그의 인권이 보장되기 위해 요구되는 물질적 차원이 갖는 중요성을, 인권의 실질적 향유를 보장하기 위한 조건들의 중요성을 잊지 않는다. 과학과 기술은 이론적 지식의 진보가 인간의 능력과 자유의 신장을 반영한다는 점을 증명하며, 또 인권이라는 발상을 강화시킨다. 18세기 이후 인권은 법률과 사회질서의 근본 원리로 고양되었고, 현실 속에선 인권에 대한 존중을 보장해 줄 다양한 방편들이 제시되었다. 그래서 레비나스는 인권의 실질적 실행을 가능케하는 모든 법적 규칙들 역시 인권 개념에 속한다고 주장하기까지 한다.[51]그럼에도 레비나스는 주저함 없이 인권이 제도나 기술에 의존함으로써 타락하는 것은 아닌지를 묻는다. 인권 목록의 확장과 그 실질적 실현을 가능케 했던 과학과 기술의 발전이 오히려 인권의 본래 의미를 희석시킬 수 있음에 주목하는 것이다. 개인의 권리는 대중을 관리하고 그들을 기계나 노예로 만드는 수단으로 악용될 수 있다는 것, 특히나 개인들을 완벽하게 통제하기 위해 고도의 기술을 이용하는 현대사회에서 그것은 사회적 통합이나 사회적 규제의 도구로 곧장 환원될 수 있다는 것, 레비나스는 이런 위험성을 경고한다.[52]

---

51) 레비나스가 인권 목록에 포함시킨 권리의 범위는 인상적이기까지 하다. 자세한 내용은 Levinas, "Les droits de l'homme et les droits d'autrui", p.164 참조.
52) Hayat, *Individualisme Éthique et Philosophie chez Levinas*, p.49 참조.

최근 유네스코가 UN의 인권 보고서를 준비하면서 철학자들에게 회람시킨 기록을 보면, 그 핵심에는 인권을 구체화하고자 할 경우 직면하게 되는 이율배반이 놓여 있는 것 같다. 개인의 자유는 경제적 해방 없이는 상상할 수 없다. 반면 경제적 자유의 조직은 도덕적 인간의 노예화 [……] 없이는 가능하지 않을 것이다.[53]

위의 글은 레비나스가 사르트르가 제2차 세계대전이 끝난 직후에 쓴 『유태인 문제에 관한 성찰』[54]을 환영하기 위해, 1948년 세계 인권 선언이 있기 몇 달 전에 쓴 짧은 논문의 일부다. 인권의 신장을 위해 도입된 경제 영역이 인권 보호의 후퇴를 가져올 수 있다는 이 역설에 대해 레비나스는 어떤 대응책을 가지고 있을까? 그는 타자의 권리를 논함에 있어 경제적 문제를 배제해야 한다고 말하는 것인가? 그렇지 않다. 레비나스의 주안점은 권리에 대한 논의가 불평등을 개선하려는 경제적 정의의 확대로만 이해될 수 없다는 데에 있다. 물론 경제의 자의성으로부터 인간을 보호해 줄 강제적인 법은 필요하다. 레비나스는 "경제를 그 자신의 고유한 결정론에 내맡기도록"[55] 내버려 두길 원치 않으며, 따라서 시장의 기계적인 법, 그러니까 시장 메커니즘에 충실한 경제적 법을 제한하는 정치적 법의 필요성을 거부하지 않는다. 레비나스가 타자의 권리를 내세우면서 우리에게 요구하는 바는 경제적 자유주의를 의심해야 한다는 것이고, 경제의 문제를 새로운 차원에서 사유해야 한다는 것이다. 존재의 지평에서 경제적인 것은 세계

---

53) E. Levinas, "Existentialism and Anti-Semitism", trans. D. Hollier and R. Krauss, *October*, vol.87, 1999, p.29.

54) J. P. Sartre, *Reflexions sur la Question Juive*, Morihien, 1946.

55) E. Levinas, "Judaïsme et Révolution", *Du Sacré au Saint*, Minuit, 1977, p.17.

에 대한 자기중심적 혹은 공리주의적 관계로만 정의된다. 그러나 선함의 지평에서 경제적인 것은 윤리적인 것으로 드러날 수 있다. 타인에 대한 구체적인 돌봄의 필요로서 말이다.[56]

레비나스에서 인권은 무엇보다 타자의 권리로 사유된다. "우리가 그의 권리를 보호해야 하는 자는 무엇보다 다른 사람이지 내가 아니다"[57]라고 그는 강조한다. 이런 구도 속에서 '나'의 권리는 어떻게 논의될 수 있는가? 여기서 중요한 것은 레비나스의 논의가 자아의 권리를 폐기하는 것으로 나아가는 대신, 자아의 권리가 에고이즘과는 다른 원천에서 발생한다고 주장한다는 점을 이해하는 것이다. 타자의 권리가 그의 유일성에 기초하듯 나의 권리 역시 나의 유일성과 관련된다. 문제는 이 유일성이 연유하는 방식이다. 알다시피 레비나스에서 나의 유일성이 부각되는 것은 타자에 대한 책임, 대체 불가능한 책임과 관련해서다. 이렇게 나의 유일성이 대체 불가능한 책임에서 비롯하는 한, 나의 권리 주장이 다른 면모를 띠게 되는 것은 불가피해 보인다. 나의 권리는 언제나 타자의 권리 이후에, 나의 책임과 더불어 나타날 수밖에 없기 때문이다. 나의 권리는 나의 자유의 다른 이름이 아니라 타인에 응답해야 할 책임으로 나타나게 되는 것이다. 레비나스는 이 점을 다음과 같이 명확히 한다. "나의 자유와 나의 권리들은, 다른 인간의 자유와 권리들에 대한 나의 이의제기로 나타나기 전에, 정확히 인간적 우애 속에서 책임의 형태로 나타난다."[58] 책임지는 자의 권리는 타자의 권리를 일반화한 결과물이거나 타자의 권리를 단순히 전도시킨 등가

---

56) Burggraeve, *The Wisdom of Love in the Service of Love: Emmanuel Levinas on Justice, Peace, and Human Rights*, pp.109~110 참조.

57) Levinas, "Judaïsme et Révolution", p.17.

58) Levinas, "Les droits de l'homme et les droits d'autrui", pp.169~170.

물이 아니다. 레비나스가 '책임지는 자의 권리'를 주장하고 '나에게도 정의
가 있다'라고 단언한다고 해서, 그가 실정법 앞에서 모든 사람을 평등하게
대하는 정치적 평등을 내세운다고 생각하는 것은 분명 잘못이다. 나와 타
자의 '소위' 평등은 나의 책임에서 유래하며, 근원적 책임이야말로 개체화
의 원리이기 때문이다.[59] 이런 식의 논의는 권리란 더 이상 자기 이해관계
에 집착하는 에고이즘의 산물이, 공동체에 반하는 이기주의적 양태가 아
니라는 점을 드러낸다. 오히려 권리란 타자를 위해 자신의 권리를 주장하
는 책임의 산물이다. 타자를 위한 책임의 관계 속에서, 자아의 권리는 타자
의 권리와 함께, 또 그것과 더불어 나아간다. 이렇게 타자를 위한 책임에 기
초한 자아라는 발상은 다른 사람과 맺는 비적대적 관계의 가능성을 제공
한다. 인권은 소유적 개인주의의 다른 이름이 아니라 타자에게 자신을 내
어줌으로써 수립되는 새로운 사회성의 산물이 되는 것이다.[60]

이렇게 레비나스는 인권이 그 중요성과 의미를 획득하는 근원적 경험
으로 되돌아갈 필요성을 강조했다. 그것은 바로 타자와의 대면, 그러니까
타자가 나에게 권리를 주장하고 나의 책임을 요구하는 상황에 대한 경험
이다. 이런 방향성이 왜 권리의 담지자가 책임을 지는 자와 단순히 교환될
수 없는 것인지를 보여 준다. 그리고 권리의 이 비대칭적 구조야말로 레비
나스 인권 담론의 간과할 수 없는 중요한 부분일 것이다. 그의 인권 담론은
권리 일반에서 타자의 권리로 강조점을 옮겨 놓음으로써 인권을 보호한다
는 것이 의미하는 바를 새롭게 혹은 그 근원에서 질문케 한다. 그래서 부각
되는 것은 바로 타자의 요구가 갖는 긴급성과 절박성일 것이다. 구체적 만

---

59) Hayat, *Individualisme Éthique et Philosophie chez Levinas*, pp. 47~48 참조.
60) Davidson, *"The Rights of the Other: Levinas and Human Rights"*, pp. 185~187 참조.

남 속에서 출현하는 구체적 타자의 권리, 이런 권리를 보호하는 일은 법적 보편성의 영역에서 완전히 성취될 수 있는 것도, 정치적 현실을 고려한 후에 비로소 논의될 수 있는 것도 아니다. 타자의 헐벗음과 굶주림은 언제나 과도하며, 즉각적인 응답을 요구하기 때문이다. 인권이 매우 긴급하고 의미를 가지게 되는 것은 그런 극단적인 상황에서이다.

3. 타인의 휴머니즘

> 휴머니즘의 밑바탕에는
> 개념으로서의 '인간'이 아니라 타인이 있다.[61]

레비나스의 인권 사유는 이중의 단절을 생산한다. 자신의 존재 안에 머물고자 집착하는 존재의 존재론과 단절하며, 또 보편적 규칙이 지배하는 단일한 체계로 개인들을 모아들이는 정치적 전체성과 단절한다.[62] 여기서 그치지 않는다. 인권을 타자의 권리 속에 정초하려는 레비나스의 노력은, 더 근본적으로는 인간을 새로운 방식으로 사유하고자 하는 그의 시도는, 휴머니즘에 대한 새로운 이해로, 현대의 반(反)휴머니즘에 대한 또 하나의 도전으로 확장된다. 레비나스는 우리 시대 휴머니즘의 위기가 하나의 잘못된 믿음에서, 그러니까 우리가 자신의 삶을 통제할 수 있는 확실한 요소를 가지고 있다는 신념에서 유래한다고 생각한다. 휴머니즘에 대한 레비나스의 사유를 고찰하기 위해서는 『다른 인간의 휴머니즘』에 수록된 세 편의 논문, 그중에서도 「휴머니즘과 아나키」와, 에드워드 A. 마지아르즈가 엮은

---

61) Levinas, "Judaïsme et Révolution", p.17.
62) Hayat, *Individualisme Éthique et Philosophie chez Levinas*, p.44 참조.

『진화 중인 가치와 가치들』에 수록된 「가치 개념에 대한 현대적 비판과 휴머니즘에 대한 전망」[63]을 참조할 필요가 있다.

휴머니즘을 논란의 여지 없이 규정하기는 어렵겠지만, 인간의 가치와 존엄성을 중시하고 인간의 삶과 그 조건에 우선적인 관심을 표명하는, 또 인간의 인간다움을 강조하고 자립적인 인간의 능력을 긍정하는 사상적 흐름이라 정의할 수 있을 것이다. 우리가 여기서 주목하는 것은, 휴머니즘은 보편적인 인간, 그러니까 인간의 보편적 본질이나 본성을 상정하고 이런 토대 위에서 인간을 아르케로, 즉 자신의 행동을 인도하는 원리 자체로 설정한다는 점이다. 구체적으로 그것은 인간의 자유와 이성 속에서 인간의 인간성을 이해하려 한다. 그런 한에서 개개인은 그 자신의 고유한 목적이자 고유한 가치로 간주될 수 있었고, 사적 이해관계에 기초한 '사회적 평등'이 토대를 삼은 것도 바로 이런 자유로운 자아의 휴머니즘이다. 그러나 레비나스가 주창하는 타인의 휴머니즘은 전통적인 휴머니즘, 특히 근대 이후 집중적으로 제기되었던 자아의 휴머니즘과 그 근본에서 차이가 난다. 타인의 휴머니즘은 자아의 권위와 중심성의 폐지를 암시하기 때문이다.

현대에 들어 부각된 진화론, 정신분석학, 마르크스주의, 구조주의 등의 사조도 기존의 휴머니즘에서 인간이 차지한 특권적 위치를 거부함으로써, 이성과 자유의지에 기초한 인간의 본성을 문제 삼음으로써 휴머니즘 자체에 반기를 들었다. 인간은 사회적·역사적·경제적·언어적 요인들의 상관물로 이해되거나 충동이나 자극에 반응하도록 결정된 존재로 격하되었

---

63) E. Levinas, "Humanisme et An-archie", *Humanisme de l'autre homme*, Fata Morgana, 1972, pp.71~92; "The Contemporary Criticism of the Idea of Value and the Prospects for Humanism", ed. E. A. Maziarz, *Value and Values in Evolution*, Gordon and Breach, 1979, pp.179~187.

다. 신성한 능력으로 간주되었던 이성이 계급적 이해관계를 확고히 하기 위한 수단에 불과하다거나 무의식적 사고나 충동의 반영에 불과하다는, 따라서 인간은 단지 그 구조나 체계와의 관계 속에서만 이해될 수 있다는 식의 논의는 인간의 종말을, 나아가 휴머니즘의 종말을 선언하는 것이 된다. 현대의 반휴머니즘은 인간이 기원이나 목적 혹은 가치의 근원이라는 발상을 부정하였고, 레비나스 역시 이 점에 동의한다.[64]

　우리는 레비나스에 앞서 서양의 휴머니즘에 반기를 들며 새로운 휴머니즘의 가능성을 탐구한 인물로 하이데거를 들 수 있을 것이다.[65] 그는 「휴머니즘 서간」(Brief über den Humanismus)에서 "인간이 자신의 인간다움을 위해 자유로워지며 그 안에서 자신의 존엄성을 발견하기 위한 노력이 휴머니즘 일반으로 이해된다면, '자유'와 인간의 '본성'을 어떻게 파악하느냐에 따라 휴머니즘은 그때마다 그 의미를 달리한다"[66]는 명제로부터 시작하여 상이한 인간 본성을 상정한 다양한 휴머니즘의 역사를 비판적으로 검토한 후, 서구의 형이상학적 휴머니즘은 인간의 본질을 망각한, 다시 말해 인간과 존재 사이의 본원적 관계를 망각한 존재 망각의 역사가 만들어 낸 산물이라고 단정한다. "존재의 진리에 관한 물음에 아랑곳없이 존재자에 관한 해석을 이미 전제하는 인간의 본질에 관한 모든 규정은 알게 모르게 형이상학적이다. [……] 휴머니즘은 형이상학으로부터 유래했기 때문에 이러한 물음을 알지도, 이해하지도 못"했다는[67] 하이데거의 진단은 휴

---

64) Levinas, "Humanisme et An-archie", pp.89~90; *Autrement qu'être ou au-delà de l'essence*, p.164 참조.
65) 휴머니즘에 대한 하이데거와 레비나스의 상이한 해석 및 그 배경에 관한 설명으로는 W. P. Simmons, *An-Archy and Justice: An Introduction to Emmanuel Levinas's Political Thought*, Lexington Books, 2003, pp.100~102 참조.
66) 마르틴 하이데거, 「휴머니즘 서간」, 『이정표 2』, 이선일 옮김, 한길사, 2005, 132쪽.

머니즘 개념에 대한 거부로 그를 이끈다. 그러나 그는 휴머니즘에 대한 반대가 비인간적인 것을 옹호하거나 야만적인 잔인성을 찬양하는 것이 아님을 강조한다. 그가 "휴머니즘에 반대하는 까닭은, 휴머니즘이 인간의 **인간다움**을 충분히 드높게 평가하지 못하기 때문이다".[68] 따라서 하이데거의 반(反)휴머니즘은 인간의 본래적 존엄성을 발견하는 것으로, 휴머니즘의 새로운 정초를 발견하는 것으로 나아간다. 하이데거는 종래의 인간 중심적 사유, 이성 중심적 사유에서 벗어나 존재와의 관계 속에 인간을 정초 지음으로써, 인간을 '존재자의 주인'이 아니라 '존재의 목자'로 놓음으로써 새로운 휴머니즘의 방향을 제시한다.

> 휴머니즘이란 낱말이 의미하는 바는, 인간의 본질은 존재의 진리를 위해 본질적 역할을 한다는 것이며 따라서 오로지 인간 그 자체만이 중요한 것은 아니라는 것이다. 이로써 우리는 기묘한 종류의 휴머니즘을 사유한다.[69]

하이데거와 레비나스는 모두 '오로지 인간 그 자체만이 중요한 것은 아니다'라는 입장을 동일하게 견지한다. 하이데거처럼 레비나스도 휴머니즘이란 낱말에 자기중심적이지 않은 의미를 부여하고자 했으며, 그래서 언제나 인간을 근원적인 부름과의 관계 속에서 생각하려 했다. 하이데거에게 그것이 존재의 부름이었다면, 레비나스에겐 바로 타자의 부름일 것

---

67) 같은 글, 133쪽.
68) 같은 글, 143쪽.
69) 같은 글, 161쪽.

이다. 하이데거에게 휴머니즘이란 말은 존재에 대한 염려(Sorge)로부터 출발해서만 의미를 갖는다. 존재를 위한 인간의 염려가 인간의 본질 자체와 인간의 휴머니즘을 이룬다고 판단했기 때문이다. 하지만 레비나스는 존재를 위한 이 염려 속에서 인간이 존재 안으로 흡수되는 사태를 목도한다. "존재론, 즉 존재자의 존재에 대한 이해가 모든 문제를 고갈시켜 버린다"[70]는 것이, "존재에는 탈출구가 없다"[71]는 것이 그의 생각이다.[72]

레비나스 역시 인간의 인간다움에 대해 묻는다. 그는 하이데거가 제기한 형이상학의 종말, 인간의 종말이란 주장에 대해 일견 동의한다. "그 자신과 동일적인 주체로서의 인간, 코기토(Cogito) 속에서 그 자신일 수 있는 인간, 자기 자신 속에서 자기 자신으로 만족할 수 있는 인간, 따라서 내적인 인간, 자신의 심리적인 경험 속에서 그 자신 속에 있는 가치를 경험하는 인간, 그의 문화적 삶 속에서 의미를 자연으로 확장시키는 인간, 휴머니즘의 인간, 이런 인간은 유럽 형이상학의 창조물이며, 이러한 것은 끝장나기 직전이다."[73] 레비나스도 유럽식의 인간관에 동의하지 않는다. 그렇다고 레비나스가 하이데거의 해결책에까지 동의하는 것은 아니다. 레비나스는 하이데거가 인간을 위한 근본적인 자리를 마련하는 데 실패했다고 주장한다. 현존재에 대한 하이데거의 사유는 현존재를 중립적인 개념인 존재에 종속시키기 때문이다. 레비나스는 하이데거가 내세운 존재론을 제일철학

---

70) Levinas, "The Contemporary Criticism of the Idea of Value and the Prospects for Humanism", p.181.

71) Idid., p.182

72) F. Z. S. Hernádez, *Vérité et justice dans la philosophie de Emmanuel Levinas*, L'Harmattan, 2009, pp.252~259 참조.

73) Levinas, "The Contemporary Criticism of the Idea of Value and the Prospects for Humanism", p.183.

으로서의 윤리로 대체하려 한다.

레비나스가 종래의 휴머니즘을 문제 삼는 것은 그것이 충분히 인간적이지 않다는 데 있다. 그는 인간의 고유함을 이루는 새로운 정초를 주장한다. 따라서 그는 휴머니즘의 폐기를 주장하는 것이 아니라 새로운 휴머니즘의, 그의 표현에 따르자면 인간다운 휴머니즘의 가능성을 검토한다. 레비나스가 반휴머니즘과 결별하는 지점은 바로 여기다. 현대의 반(反)휴머니스트들은 인간을 외적 힘으로 환원시킴으로써 그의 주체성과 내면성을 파괴하였다. 그럴 때 중요한 문제로 대두되는 것은 "나의 내면성이 어떠한 주름이나 비밀도 갖지 못한 채 전체성으로 용해"[74]되고 만다는 것이다. 레비나스는 주체성을 해체하는 이런 식의 논의가 유물론으로, 결정론이나 허무주의로 귀착할 수 있음을 경고한다. 그가 주창하는 타인의 휴머니즘은 이런 것들과 거리가 멀다.[75] 그의 작업은 '인간의 인간성이란 무엇인가', '나란 무엇인가'라는 문제로 구체화된다.

기존의 휴머니즘이 전제했던 자아의 중심성은 타인의 휴머니즘에서는 전혀 고려의 대상이 아니다. 오히려 그것은 문제시된다. "존재가 나에 대해 있다는 것에 이의를 제기하는 것 [……] 그것은 휴머니즘을 포기하는 것이 아니라 [……] 인간의 인간성이 인간이 자아로 정립되는 사태 속에 있다는 점에 이의를 제기하는 것이다."[76] 살펴보았듯 레비나스는 인간의 인간성이 코나투스에 있다고 보지 않는다. 진정한 의미의 인간성은 자연적 본성을 거스르는 데 있다. 그것은 그 자신에 집착하며 자신의 고유한 지속

---

74) E. Levinas, "Sans Identité", *Humanisme de l'autre homme*, Fata Morgana, 1972, p.97.
75) Simmons, *An-Archy and Justice*, p.99 참조.
76) Levinas, "Transcendance et Hauteur", p.71.

에만 관심을 갖는 존재의 질서와 단절하는 것이다.[77] 레비나스는 인간의 소외가, 세계 안에서의 낯섦이 존재의 망각보다 더 오래된 것은 아닌지를 묻는다. 자아와의 일치로 정의되는 내면성, 확고한 자기 정체성은 가능하지 않다는 것이 그의 생각이다. "이것이 우리 시대의 반휴머니즘이 주장하는 불가능한 인간 내면성이다. 그것은 형이상학에서도, 형이상학의 종말에서도 연유하지 않는다."[78] 레비나스에선 인간이 그 자신에 낯설어지는 사태, 다른 말로 하자면 인간 내면성의 불가능성은 존재의 망각에서 연유하는 것이 아니라 인간이 스스로를 타인으로부터 떼어내지 못하기 때문에, 타인에 얽혀있기 때문에 발생한다. 자아는 그 자신에 대한 개념이나 의식을 갖기 이전에 타자에게 응답하도록 요구받기 때문이다.

나와 자아 사이에는 언제나 거리가 있다. 내가 자아로 회귀하는 것은 불가능하다. 어느 누구도 그 자신 속에 머물러 있을 수 없기 때문에, 인간의 인간성은 모든 사람에 대한 책임이기 때문에 그것은 불가능한 것이다. [……] 의식, 선택, 동의에 앞서, 인간의 인간성은 인간의 우애다. 인간을 이루는 것은, 가치의 원천인 것은 다름 아닌 책임이다.[79]

레비나스가 반휴머니스트와 다른 방식으로 기존의 휴머니즘을 넘어서는 지점은 그가 주체를 윤리의 지평에서, 즉 타자와 맺는 책임의 관계 속

---

77) E. Levinas, "L'asymétrie du visage, interview d'Emmanuel Levinas réalisée par France Guwy pour la télévision néerlandaise", ed. Y. C. Zarka, *Citést 25. Emmanuel Levinas: Une philosophie de l'évasion*, PUF, 2006, p.121 참조.
78) Levinas, "The Contemporary Criticism of the Idea of Value and the Prospects for Humanism", p.185.
79) Ibid.

에서 수립한다는 데 있다.[80] 이때의 주체가 바로 '타자를-위한-일자'다. 애당초 나는 타자에 노출되어 있다. 레비나스는 여기에 덧붙여 '새로운' 수동성 개념을 제시한다. 그는 기존의 휴머니즘에 "수동성에 대한, 비겁함이 아닌 나약함에 대한, 인내에 대한 반성이 결여"[81]되어 있다고 진단한다. 레비나스가 주창하는 타인의 휴머니즘은 주체의 척도를 넘어선 타자가 요구하고 명령하는 책임에 기초한다. 책임과 관련한 타자를-위함, 즉 주체의 수동성 말이다. 레비나스는 이 수동성을 자유/비자유의 이분법 바깥의 것으로, 그것들 너머의 것으로 상정한다. 그리고 책임에서 벗어날 수 없다는 사태를 예속과 구분한다. 레비나스에 따르면 그것은 선에 의해 붙잡히고 또 선에 의해 서임되는 것이다. 선에 의한 이 지배는 가치론적 양극성이나 중립성에 기초하여 선을 선택하는 것이 아니다. 그런 양극성은 이미 자유를, 현재의 절대성을 지시하기 때문이다. 선에 의해 지배된다는 것은 선택의 가능성 자체를 배제하는 것, 호환 불가능한 책임을 떠맡는 것, 대체 불가능한 자로 고양되는 것이다. 레비나스가 '모든 수동성보다 더 수동적인 수동성'이라고 말하는 것도 이와 유관하다. 예속이 규정하는 자에 의한 규정된 것의 동화인 반면, 수동성은 감내하는 자의 온전함을 유지시키고 오히려 그것을 정초한다. 따라서 현재로 바뀔 수 없는 이 수동성은 선의 단순한 결

---

80) 다음과 같은 표현은 이 점을 명시적으로 보여 준다. "현대의 반휴머니즘은 존재의 의미작용에서 우위를 가지는 것이 그 자신의 자유로운 목적인 인간의 인격이라는 생각을 부정한다. 이 반휴머니즘의 진리는 반휴머니즘이 스스로 내세우는 이유들을 넘어선다. 반휴머니즘은 의지에 선행하는 대신함, 희생, 헌신 속에 놓이는 주체성에 자리를 마련해 준다. 그것의 탁월한 직관은 인격 그 자신이 기원이고 목표라는 생각──여기서 여전히 하나의 존재인 까닭에 여전히 하나의 사물인데──을 포기한 데 있다. 엄밀히 말해 타인이 '목적'이며, 대격인 나는 볼모이고 책임이며 대신함이다"(Levinas, *Autrement qu'être ou au-delà de l'essence*, p.164).
81) E. Levinas, "Jacob Gordin", *Difficile Liberté*, Albin Michel, 1976, p.258.

과가 아니다. 수동성이야말로 선의 장소인 것이다.[82]

레비나스가 유럽의 휴머니즘에 문제를 제기하는 또 다른 측면은 자아의 휴머니즘이 목표하는 인간주의적 이상이 결국은 부르주아적 평화의 이상으로 전락하고 만다는 데 있다. 유럽의 역사가 우리에게 보여 준 것은 자아의 휴머니즘이란 "패배자, 희생자, 핍박받는 자를 무시하면서 휴머니즘의 실현을 알린 [……] 오만한 자들의 휴머니즘"[83]에 불과했다는 것이다. 그에 따르면 '자기 충족적인 자아'라는 발상에 기초해 있는 부르주아는 본질적으로 보수주의자다. 그들은 자신이 관장하는 세계의 안정성을 해치는 어떠한 것도 거부한 채 자신의 현재를 고수하는데, "그의 소유 본능은 통합의 본능이고, 그의 제국주의는 안정성의 추구다".[84] 그런 한에서 자아의 휴머니즘이 목표하는 것은 자신만의 평화, 즉 "문을 걸어 잠근 채 자기 안에 머물며 바깥에 있는 자를 거부하고 무시하는 부르주아적 평화"[85]다.

논의를 정리해 보자. 개인으로서의 인간, 보편적 존재로서의 인간이 가치의 원천이 아니라고 주장한다는 점에서 레비나스는 현대의 반휴머니스트에 동의한다. 또 그는 전통적인 의미에서의 주체성이 휴머니즘의 고유한 원천이 아니라는 점에서도 그들에 동의한다. 그러나 레비나스는 반휴머니스트가 틀렸다고 말한다. "인간에게서 [……] 주체성을 이루는 이런 책임의 흔적을 찾지 않았다는 점에서, 다른 사람에게서 이런 가치의 흔적을 찾지 않았다는 점에서 말이다."[86] 휴머니즘이 보편적 인간을 가치의

---

82) E. Levinas, "Humanisme et An-arche", *Humanisme de l'autre homme*, pp.85~86 참조.

83) Levinas, "Jacob Gordin", p.258.

84) E. Levinas, *De l'évasion*, Fata Morgana, 1982, p.92.

85) E. Levinas, "Paix et proximité", *Altérité et transcendance*, Fata Morgana, 1995, p.141.

86) Levinas, "The Contemporary Criticism of the Idea of Value and the Prospects for Humanism", p.187.

원천으로 삼았던 반면, 레비나스는 가치의 원천이 타자라고, 또 타자에 대한 책임이라고 주장한다. 인간의 인간성은 타자의 우위를 인정하는 데서 성립한다. 그런고로 "윤리적인 견지에서, 나는 국가에서 비롯한 시민과 구분되며, 또 자연적인 에고이즘 속에서 모든 질서에 선행하는 개인과도 구분된다."[87] 나는 열림, 다시 말해 책임에로의 열림이다. 이런 열림 속에서만 인간의 고유함이 출현할 수 있다. 그것이 나에 대한 타자의 영향력을, 모든 참여와 시작에 앞선 소환을, 지향성의 용어로 설명할 수 없는 수동성을 의미하는 한에서, 타인의 휴머니즘은 아르케(arche)가 아니라 아나키(an-archie)에 기초한다고 해야 할 것이다. 따라서 우리는 레비나스가 내세우고자 한 휴머니즘을 '아나키적 휴머니즘'이라 명명할 수 있을 것이다.[88]

---

87) E. Levinas, "La souffrance intutile", *Entre nous*, Grasset, 1991, p.111.
88) Simmons, *An-Archy and Justice*, p.104 이하 참조.

5장 레비나스와 정치

우리가 레비나스에게서 대안적인 정치 이론이나 모두가 추구해야 할 행동 프로그램을 기대한다면, 그의 정치 사유는 우리에게 불만족스러울 것이다. 윤리에 기초해 내세우는 정치의 변화를 실질적으로 구현할 방안이 있냐는 질문에 대한 답도 쉽사리 발견하긴 어려울 것이다. 하지만 이는 무엇보다 레비나스가 그것을 목표로 삼지 않았기 때문이다. 레비나스가 지향하는 것은 정치에 대한 문제제기, 더 정확히는 윤리의 지평 속에서 정치를 문제 삼는 것이다. 레비나스는 타자와의 직접적 관계로부터 출발하여 제삼자를 준거점으로 삼아 사회를 이루는 타자들과의 관계를 다룬다. 그렇다고 해서 레비나스가 윤리로부터 정치를 직접 연역해 내려 한다고 생각해선 곤란하다. 대면적 관계의 직접성을 정치의 영역으로 곧장 확장시키는 것은 레비나스 철학의 근본적인 특징을 앗아갈 위험이 크다. 윤리와 정치 사이에 놓인 불가피한 간극을 레비나스는 깊이 인식하고 있다. 더욱이 레비나스는 윤리를 존재 너머에 위치시키고 정치의 영역과 맞세우기까지 한다. 그렇다고 해서 레비나스의 정치 사유를 정치에 대한 부정으로 결론 맺는 것은 지나치게 성급하며, 이런 일은 우리에게 어떤 시사점도 제공하지 못할 것이다. 그의 사유가 함축하고 있는 정치철학적 함의마저 부정되고 말

것이다. 윤리와 정치를 맞세우는 일은 시작에 불과하다.

레비나스에서 정치는 어떤 위상을 갖는가? 그가 정치를 요청하는 것은 무엇 때문인가?

> 나는 책임에 한계가 있다고, '내' 안의 책임에 한계가 있다고 믿지 않는다. 반복하자면, 나의 **자아**는 타인을 향한 책임으로부터 결코 사면될 수 없다. 그러나 우리는 독약으로 우리를 공격하는 사람들이 그렇게 할 권리를 결코 갖지 있지 않다고 말해야 한다. 그 결과 제한되지 않는 책임의 감정과 더불어 확실히 보호를 위한 자리가 있어야 한다고 나는 생각한다. 왜냐하면 그것은 언제나 '나'의 문제가 아니라 나의 이웃들인 나와 가까이 있는 자들의 문제이기 때문이다. 나는 그런 보호를 정치라고 부르고 싶다. 그러나 이때의 정치는 윤리적으로 요구되는 정치다. **윤리** 곁엔 **정치**를 위한 자리가 있다.[1]

레비나스도 정치를 위한 자리를 부정하지 않는다. 앞서 정의와 관련된 논의에서 살펴보았듯, 나와 타자의 관계가 문제가 될 경우엔 직접적인 응답을 통해 문제를 해결할 수 있지만, 내가 모든 타자와 대면하는 것은 불가능하며 더욱이 타자와 타자의 관계가 문제가 될 경우, 특히 타자가 또 다른 타자에게 가하는 악이 논의의 초점이 되는 한 정치의 문제가 개입되는 것은 필연적인 일일 것이다. 중요한 것은 그것이 언제나 '윤리 곁에' 머물러야 한다는 데에 있다.[2] 그러니까 정치의 가장 중요한 역할이 타자를, 과부,

---

1) E. Levinas, "Ethics and Politics", ed. S. Hand, *The Levinas Reader*, Basil Blackwell, 1989, pp.291~292.

고아, 이방인으로 대변되는 약자를 위한 일이어야 한다는 것이다. 그런 한에서 우리는 레비나스적 정치가 배제되고 권리를 박탈당한 사람들을 위해 요구되는 것임을 알게 된다. 레비나스 정치 사유의 중요성도 이 점과 연결되어 있다. 레비나스는 정치가 그 자신에 내맡겨질 경우 일종의 전체론으로 귀결될 수 있음을 경고했다. 따라서 정치가 요구하는 제도와 시스템은 그 무게 중심을 자기 자신 속에 갖는 것이 아니라 타자와 맺는 책임의 관계 속에 가져야 한다. 정치란 윤리와의 관계를 떠나서는 논의될 수도, 또 의미를 지닐 수도 없다는 게 정치를 대하는 레비나스의 기본적 태도다.

이런 그의 주장은 너무 통속적이고 낭만적인 것인가? 그럼에도 레비나스의 소위 유토피아적 정치는 유토피아적 레토릭을 사용하는 정치 기획들, 예를 들어 스탈린주의나 종교적 근본주의 등과 완전히 다르다.[3) 그렇다면 '그 자신에 내맡겨지지 않는 정치'란 무엇일 수 있는가? 레비나스적 정치, 윤리에 기초한 정치는 어떻게 사유될 수 있는가?

---

2) 그의 철학적 저작에서 정치를 요청하는 것은, 정치의 필요성을 인정하는 것은 이런 경우에 한해서다. 그는 "윤리적으로 요구되는 정치"라고 말한다. 레비나스에 있어 정치란 책임의 복잡성 때문에 발생하는 탓이며, 그런 한에서 정치의 핵심 과제로 타자가, 타자에 대한 책임이 놓일 수밖에 없기 때문이다. 정치는 윤리를 지향할 수도, 단순히 윤리 외부에서 구성될 수도 없다. 당연한 얘기겠지만, 이렇게 요청된 정치가 윤리의 무한함에 가닿을 수 있다고 생각해선 곤란하다. 정치의 영역에서 타자는 그 자체로 드러나지 못하는 까닭이다. 레비나스가 한편으로 정치를 요청하면서도, 정치의 한계를 끊임없이 강조하는 것도, 윤리를 통한 정치의 조절과 통제를 주장하는 것도 이 때문이다. 그에게서 정치란 윤리에 의해 추동되는 것이되 결코 윤리의 무한함에 가닿지 못하는 불충분성의 영역이며, 윤리의 외재성이 우리 삶의 내재성으로, 또 이해관계와 갈등의 장으로 번역되어 드러나는, 그래서 불가피하게 폭력을 수반하게 되는 장이다. 레비나스가 윤리를 정치적인 것의 조건이자 동시에 그것과의 단절이라 여기는 것도 이런 연유에서다.

3) V. Tahmasebi, "Does Levinas Justify or Transcend Liberalism? Levinas on Human Liberation", *Philosophy and Social Criticism*, vol.36, no.5, p.524 참조.

1. 레비나스적 정치[4]

리처드 로티는 그의 논문에서 레비나스의 철학이 민주주의적 현실 정치와 결코 화해할 수 없다고 단언한다.[5] 무한과 외재성에 대한 그의 사유가 비현실적이라는 이유에서다. 레비나스가 내세우는 타자에 대한 아나키적 책임, 그리고 윤리에 기초한 정치는 결코 현실 속에 온전히 자리 잡을 수 없다는 점에서 로티의 주장은 일견 정당하다고 할 수 있을 것이다. 그러나 레비나스 철학의 중심에 윤리가 놓여 있고 윤리를 통해 정치의 정당화를 요구한다고 해서 그가 정치 내지 국가의 존재를 무시하거나 부정한 것은 결코 아니다. 레비나스가 문제 삼는 것은 자아의 중심성을 대체하고 나의 정체성을 의문시하는 윤리적 명령이 없다면, 정치는 일정 정도 확장되는 자기 이해의 계산으로 남을 수밖에 없다는 데 있다.[6] 레비나스에 따르자면 국가는 심지어 완벽하게 실행될 때조차도, 그 본성상 윤리에 대립한다.

국가나 위계가 함축하고 있는 폭력의 부정적 요소는 그것들이 완벽하게 기능할 때조차도, 모든 사람이 보편적 이념들에 복종할 때조차도 나타난다. 거기에는 끔찍한 잔인함이 있다. 왜냐하면 보편적 이념이란 합리적 질서의 필요에서 비롯하기 때문이다.[7]

---

4) 이 절은 김도형, 「레비나스 철학의 사회철학적 함의: 레비나스의 윤리와 정치」, 『대동철학』 50집, 대동철학회, 2010의 4절과 5절을 수정 보완한 것이다.

5) R. Rorty, "Remarks on Deconstruction and Pragmatism", ed. C. Mouffe, *Deconstruction and Pragmatism*, Routledge, 1996, p.16 참조.

6) L. Guenther, *The Gift of the Other: Levinas and the politics of Reproduction*, State University of New York Press, 2006, p.149 참조.

7) E. Levinas, "Discussion", *Liberté et Commandement*, Fata Morgana, 1994, p.97.

레비나스의 이 같은 언급은 국가에 대한 사형선고라기보다는 국가의 정당화를 요구하는 것이자 국가 너머의 정의의 공간을 마련하려는 데 그 목적이 있다. "헤게모니를 추구하는 국가, 정복적이고 제국주의적이며 전체주의적이고 억압적인 국가, 현실적 에고이즘에 결부된 국가"[8]를 넘어서려면 국가는 끊임없이 자신의 내재적 폭력을 상기해야 하고, 또 자신의 경직성과 관성을 벗어던져야 한다는 얘기다. 우리는 앞서 레비나스가 내세우는 윤리의 의미가 나의 자발성이 문제시되는 상황, 나의 정체성과 동일성이 파열되는 상황, 나의 바깥에, 나보다 더 높이 있는 타자가 나에게 개입하는 상황임을 확인하였다. 이런 점에 착안하여 레비나스가 요청할 법한 국가를 생각해 본다면, 그것은 소위 '윤리적 국가'라 명명되어야 할 것이다. 그 국가란 윤리, 즉 타자에 대한 무한한 책임에 의해 끊임없이 일깨워지고 파열되며 단절되는 국가일 수밖에 없기 때문이다.

레비나스는 종래의 정치적인 것들을 다시 사유할 것을 주장한다.

국가, 사회, 법 그리고 권력이 필요한 것이 인간이 그의 이웃에 대해 늑대이기 때문인지 아니면 내가 나의 동료에 대해 책임이 있기 때문인지를 아는 것이 매우 중요하다. 정치 질서가 인간의 책임을 한정한 것인지 아니면 단순히 인간의 야수성을 제한한 것인지를 아는 것이 매우 중요하다.[9]

인간이 성취하고자 하는 평등하고 정의로운 국가가 만인에 대한 만인의

---

8) E. Levinas, "L'État de César et l'État de David", *L'au-delà du verset*, Minuit, 1982, p. 216.
9) E. Levinas, "Ideology and Idealism", ed. S. Hand, *The Levinas Reader*, Basil Blackwell, 1989, pp. 247~248.

전쟁에서 발생하는지, 아니면 모든 사람에 대한 일자의 환원 불가능한 책임에서 발생하는지를 아는 것이 중요하다.[10]

여기서 레비나스는 앎의 중요성을 강조한다. 그러나 이 앎은 존재하는 바 있는 그대로의 세계를 기술하는 데서 성립하는 것이 아니다. 오히려 그것은 우리가 살아가고 있는 세계의 기원, 즉 사회가 자신의 필요성을 획득하는 것에 관한 물음이며, 그런 점에서 세계 또는 사회의 '의미'에 관한 물음이다. "앎의 특권은 그 스스로를 의문시하고 자신의 고유한 조건 이편으로 파고들 수 있는 능력"[11]에 달려 있다.

레비나스가 의도하는 것처럼 정치 질서가 타인에 대한 나의 책임에서 기인한다면, 그것은 타자들에 대한 책임 속에서 자신의 존재 근거를 발견할 수 있게 된다. 아울러 우리가 위의 두 가지 가운데서 후자의 입장을 취할 경우 "우리는 제도를 태어나게 했던 것의 이름으로 그 제도들에 저항할 수 있다".[12] 다시 말해 "얼굴과 맺는 관계로부터, 타자의 얼굴 앞에서의 나로부터, 우리는 국가의 적법성이나 무법성에 대해 말할 수 있"[13]게 되는 것이다. 이런 점에서 레비나스에서 국가가 정의로울 수 있는 것은 국가가 대면적 관계를 고취시키고 이를 보존하는 한에서, 대면적 관계가 국가에 복종하는 것이 아니라 오히려 그것이 국가의 의미와 존재 이유를 제공하는

---

10) E. Levinas, *Autrement qu'être ou au-delà de l'essence*, Martinus Nijhoff, 1974, p.203.

11) E. Levinas, *Totalité et infini: Essai sur l'extériorité*, Martinus Nijhoff, 1961, p.57[에마뉘엘 레비나스, 『전체성과 무한: 외재성에 대한 에세이』, 김도형·문성원·손영창 옮김, 그린비, 2018, 115쪽].

12) E. Levinas, *Dieu, la mort et le temps*, Grasset, 1993, p.214[에마뉘엘 레비나스, 『신, 죽음 그리고 시간』, 김도형·문성원·손영창 옮김, 그린비, 2013, 278쪽].

13) E. Levinas, "Philosophie, Justice et Amour", *Entre nous*, Grasset, 1991, p.115.

한에서이다. 레비나스적 정치는 제도들을 탄생시키는 정치이자 제도들의 기원이라는 '이름으로' 제도들에 반하여 반란을 일으키는 정치인 셈이다.[14] 혹자는 이에 대해 다음과 같이 물을 수 있을 것이다. 그런데 과연 그런 국가가 존립 가능한가? 레비나스적 정치에 대한 설명을 이어가기에 앞서, 자유주의와 민주주의에 대한 그의 평가들을 검토해 보는 것이 도움이 되겠다. 이를 통해 레비나스적 국가가 현실의 차원에서 어떠할 수 있는지를 소박하게나마 그려 볼 수 있기 때문이다.

레비나스는 한 대담에서 다음과 같이 말한다.

자유주의 국가는 그 자신이 타인의 얼굴이 요구하는 바에 뒤처져 있다는 사실에 불안해한다. [……] 자유주의 국가는 제도들을 넘어선 ── 따라서 정치를 넘어선(transpolitique) ── 인권의 보호와 탐색의 합법성을 인정한다. 자유주의 국가는 국가 너머로 뻗어 나간다.[15]

자유주의에 대한 이 같은 평가는 우리를 당혹케 한다. 그는 분명 자유에 앞선 책임을, 정치로 환원 불가능한 윤리를 이야기하고 있기 때문이다. 이것이 끝이 아니다. 그는 이어지는 대목에서 자유주의 국가를 "단순히 우연적인 경험적 가능성이 아니라 윤리를 구성하는 범주"[16]라고까지 이야기한다. 찬사라 할 법한 이런 평가의 근거는 어디서 기인하는가? 그것은 레비나스가 자유주의 국가에서 "자기를 문제 삼을 수 있는 국가",[17] "항상 그 자

---

14) H. Caygill, *Levinas and the Political*, Routledge, 2002, p.130 참조.
15) E. Levinas, "Dialogue sur le penser-à-l'autre", *Entre nous*, Grasset, 1991, pp.221~222.
16) Ibid., p.222.
17) Ibid., p.224.

신의 정의가 정말로 정의인지를 묻는 국가"[18]의 가능성을 간취했기 때문이다. 레비나스에게 자유주의 국가는 국가 너머로 나아가기 위한 필연적인 과정에 개방된다. 레비나스는 도덕적 가치들을 옹호하며 국가의 부정의에 맞서 정의를 주장하는 언론, 시인, 작가에게서 자유주의 국가의 자기비판적 특성을 발견한다.[19] 레비나스에 있어 자유주의 국가의 가장 중요한 요소는 자유주의 국가가 "영원한 혁명"[20]을 요구한다는 데에 있다. 자유주의 국가는 자신이 수립한 제도나 정치 질서에 결코 만족하지 않는다. 레비나스적인 자유주의 국가는 언제나 자신을 개선하려고, 더 정당해지려고 노력한다.[21]

민주주의에 대한 레비나스의 논의 역시 끊임없는 개선의 가능성, 레비나스의 말마따나 '열려 있음'의 가능성 속에서 이해되어야 한다.

아마도 민주주의의 탁월함은 여기에 있을 것이다. 민주주의가 내포하는 근본적 자유주의는 정의에 대한 끊임없는 깊은 후회와 일치한다. 입법 활동은 완성되지 못하며 언제나 다시 시작하고 더 나은 것에 열려야 한다. [……] 이것을 망각할 경우, 민주주의는 전체주의적인 지배체제, 즉 스탈린주의로 쇠퇴할 위험이 있다.[22]

---

18) E. Levinas, "Emmanuel Levinas", ed. R. Mortley, *French Philosophers in Conversation: Levinas, Schneider, Serres, Irigaray, Le Doeuff, Derrida*, Routledge, 1991, p.19.
19) Ibid., p.19 이하 참조.
20) E. Levinas, "Idéologie et Idealisme", *De Dieu Qui Vient à L'idée*, Vrin, 2001, p.26.
21) W. P. Simmons, "The Third. Levinas' Theoretical Move from An-archical Ethics to the Realm of Justice and Politics", *Philosophy & Social Criticism*, vol.25, no.6, p.99 참조.
22) E. Levinas, "L'Autre, Utopie et Justice", *Entre nous*, Grasset, 1991, p.242.

판결이 공표되고 공적인 것이 되자마자, 그것은 검토되고 또 논쟁되어야 한다. 승인되거나 반박되어야 한다. ⋯⋯ 내 생각에, 민주주의의 토대 자체는 바로 여기에 있을 것이다. 우리는 결정들에 대해 토의할 수 있고, 그것들을 철회할 수 있다. 재론하는 것이 불가능한 어떤 인간의 법령도 있을 수 없는 것이다.[23]

레비나스가 민주주의를 정당화하는 것은 민주주의가 민중의 정부라는 사실 때문이 아니다. 그것은 민주주의가 혁신과 개선을 허용하거나 추구하기 때문이고 자신의 고유한 입법 활동을 문제 삼을 수 있기 때문이다. 민주주의는 자유로운 토론과 의견의 대질(對質)을 중요시하며, 개인의 정치적 삶을 국가의 기능으로 환원하지 않는다. 그런 점에서 민주주의는 완벽한 모습은 아닐지라도 '열림'이라는 가치를 보존하고 있다. 또는 '열림'의 가치를 보존할 경우에만 민주주의라고 말할 수 있게 된다. 그렇다고 해서 레비나스를 정치적 민주주의 또는 자유주의 신봉자로 생각하는 것은 곤란하다. 레비나스는 거기서 '그 자신에 내맡겨지지 않는 정치'의 가능성을 검토할 뿐이며, 그것들의 참된 의미를 논설할 뿐이기 때문이다.

실제로 레비나스의 정치철학을 자유주의의 바탕 위에 세우려는 여러 시도들이 있다.[24] 레비나스의 소위 윤리적 정치가 서구 자유주의 정치 전

---

23) E. Levinas, "Entretien avec Roger-Pol Droit", ed. Le Livre de Poche, *Les Imprévus de l'histoire*, Fata Morgana, 1994, p. 183.

24) Tahmasebi, "Does Levinas Justify or Transcend Liberalism? Levinas on Human Liberation"에서 타마세비는 레비나스를 자유주의 정치 전통과 관련하여 논의하는 대표적인 연구자로 리처드 코언을 들고 있다. R. A. Cohen, *Ethics, Exegesis, and Philosophy: Interpretation after Levinas*, Cambridge University Press, 2001; "'Political Monotheism': Levinas on Politics, Ethics and Religion", eds. Chan-fai Cheung et al, *Essays in*

통을 계승하고 또 정당화하는 측면이 있다는 것이다. 인간의 존엄성에 대한 강조나 도덕성에 의해 인도되는 정의와 같은 것들이 자유주의 정치와 같은 현대 정치 이론에서 이미 논의되고 있다는 얘기다.[25] 그렇지만 전통 정치철학과 레비나스의 정치철학 사이의 근본적 간극은 결코 좁혀질 수 없다. 레비나스가 자유주의 국가를 그 유토피아적 계기와 관련하여 일정 정도 용인한다 하더라도, 레비나스는 개인으로부터 비롯하는 자유주의 국가관으로부터 완전히 거리를 둔다. 1990년 레비나스는 자신의 1934년의 논문 「히틀러주의 철학에 대한 몇 가지 반성」(Quelques réflexions sur la philosophie de l'hitlerism)에 덧붙인 서언에서 다음과 같이 묻는다. "자유주의가 우리가 인간 주체의 본질적 존엄성을 성취하기 위해 필요한 전부인가?"[26] 이 말이 의미하는 바는 자유주의에는 덧붙여져야 할 어떤 것들이 있단 말인가, 아니면 우리는 자유주의를 대체할 어떤 것이 필요하단 말인가? 레비나스가 의도하는 바가 명시적으로 드러나 있진 않더라도, 그가 단지 전자만을 의도한 것은 아니라는 점은 분명하다.[27] 왜 그런가?

Celebration of the Founding of the Organization of Phenomenological Organizations, http://www.o-p-o.net, 2003.

25) 코언은 말한다. "레비나스가 옹호하는 것, 즉 도덕성에 의해 인도되는 정의, 정의에 의해 규제되는 국가, …… 이런 것들은 분명 **자유주의적** 정치와 같은 현대 정치 이론에서 알려진 것이었다. 여기서 '자유주의적'이란 말은 존 로크에 의해 최초로 구체화된 고전적 의미에서의 자유주의다"(Cohen, "Political Monotheism'", p.7).

26) E. Levinas, "Reflections on the Philosophy of Hitlerism", trans. S. Hand, *Critical Inquiry 17*, Chicago University Press, 1990, p.63. 우리는 여기서 레비나스의 자유주의 이해에 의문을 제기할 수 있을 것이다. 밀에서부터 롤즈에 이르는 자유주의의 다양한 스펙트럼을 감안할 때, 그의 비판이 제기되는 지점이 정확히 밝혀져야 그 논의의 적실성을 이해하고 평가할 수 있다는 것 때문이다. 레비나스는 어느 곳에서도 자유주의를 세분화해서 설명하지 않는다. 이는 그 초점이, 자유주의라 불리는 사조의 본질적인 면인 '개인'을 향하고 있기 때문이다. 우리는 이 책 2장 2절에서 이 점을 다룬 바 있다.

레비나스가 내세우는 정치가 자유주의 정치 시스템의 세 모티브, 즉 개인, 개인의 합리적 평화, 개인의 경제적 협정과 결코 화해할 수 없는 것처럼,[28] 근대의 자유주의적 주체에 책임의 차원을 덧붙이는 것만으론 결코 만족스런 결과를 이끌어 내지 못할 것이다. 이런 덧붙임은 환대와 초월에 열린 주체를 결코 생산하지 못하기 때문이다. 개인의 존엄성에 대한 존중이 레비나스와 고전적 자유주의의 공통점일 순 있겠다. 그러나 레비나스에 있어 개인의 존엄성이 존중되고 보호받아야 하는 이유는 그가 자연적인 본성이나 신적인 권리를 소유하고 있기 때문이 아니라 각 인간이 "어떤 개념적 공통성이나 전체성에도 이르지 않는",[29] 타자를 위한 환원 불가능한 책임을 지니고 있기 때문이다. 즉 개인의 유일성이 강조되는 것은 타자에 대한 환원 불가능한 책임과 관련해서일 뿐이지 그 자체가 목적은 아니다. 하지만 자유주의적 프레임은 개인의 존엄성 보호를 목적으로 삼으며, 국가의 기능 또한 경합하는 권리들의 요구 사이에서 벌어지는 갈등을 조절하는 것으로 국한된다. 서양의 도덕성은 자기 이해관심적인 개인들 사이의 계약에 의존한다고 레비나스는 반복해서 말한다. 그런 한에서 자유주의 국가에서의 평화는 무장 평화이며, 자유주의 국가가 내세우는 정의는 그 사회의 구성원들 사이의 평화로운 교류를 보존하기 위해 성립할 뿐이다. 레비나스는 자유주의의 구조에서, 또 동일자의 권리와 자유에 대한 자유주의의 제한된 집중 속에서 일종의 "위선"을 본다.[30] 레비나스는 한

---

27) A. Horowitz and G. Horowitz, "Is Liberalism All We Need? Prelude via Fascism", eds. A. Horowitz and G. Horowitz, *Difficult Justice: Commentaries on Levinas and Politics*, University of Toronto Press, 2006, p.13 참조.

28) Tahmasebi, "Does Levinas Justify or Transcend Liberalism? Levinas on Human Liberation", p.524 이하 참조.

29) Levinas, *Totalité et infini*, p.52[『전체성과 무한』, 134쪽].

대담에서 폴 리쾨르의 말을 소개하며 이 점을 명확히 한다.

프랑스 신문 『르몽드』에서 리쾨르는 최근의 영국 선거에 대해 말하면서 그의 슬픔을 표현했다. 영국에서 자신이 필요한 것을 가지고 있는 많은 사람들은 임대주로서 투표한다고, 어느 누구도 가난한 사람들을 걱정하지 않는다고 말이다. 리쾨르는 여기서 민주주의의 위험 중 하나를 본다. 언제나 존재하는 소수자에 대한 영구적 배제.[31]

레비나스가 법의 문제를 제기하는 것도 이런 맥락에서다. 자유주의 사회에서 법치는 공정함과 평등한 대우를 목표로 하는, 자의적인 폭력과 부정의로부터 개인들을 보호하는 일련의 절차들로 이해될 수 있을 것이고, 그런 점에서 평등주의적 법은 개인 간의 갈등을 조절하고 정의를 실현하는 하나의 수단이 될 수 있을 것이다. 법이 가능케 하는 형식적 평등은 우리로 하여금 안정되고 질서 있는 방식으로 다른 사람과 관계 맺도록 도움을 준다. 그러나 형식적 평등을 부여하는 각각의 제도들은 주체들을 형식적으로 평등하게 대우하기 위해 그들의 차이를 무시해야 한다. 레비나스의 언어로 표현하자면, 제도는 타인을 동일자로 동화시킬 수 있다는 것이다.[32] 물론 모든 사람을 동일자로 대우하는 것이, 모든 사람을 공평하고 정의롭게 대우하는 것이 부당한 차별보다 낫다. 하지만 모든 사람을 동일자

30) Tahmasebi, "Does Levinas Justify or Transcend Liberalism? Levinas on Human Liberation", pp.525~526 참조.

31) E. Levinas, "Dialogue sur le penser-à-l'autre", *Entre nous*, Grasset, 1991, p.224.

32) J. Stauffer, "Productive Ambivalence: Levinasian Subjectivity, Justice, and the Rule of Law", ed. D. Manderson, *Essays on Levinas and Law: A Mosaic*, Palgrave Macmillan, 2009, pp.80, 87~88 참조.

로 다루는 태도 이면에는 독특성에 대한 부정이 놓여 있다고 레비나스는 여기는 듯하다. 법은 필연적으로 비교불가능한 개인들을 "하나의 대상으로, 유일자와 비교불가능한 자인 인격적 개인을 비교와 사유에 ─ 정의라는 그 유명한 저울에 ─, 따라서 계산에 복종시키면서 그를 대상으로"[33] 취급하기 때문이다. 그렇기에 법을 통한 평화의 추구 역시 레비나스의 눈엔 불충분하다. "정치적 법은 [……] 본질적으로 평등주의적이거나 평등주의적이고자 하기 때문"[34]에, 법의 가시성은 재현될 수 있는 자들을 전제함으로써 대체 불가능한 내면성으로서의 인간의 지위를 손상시킬 것이다. 이런 상황에서 법은 전체화와 직접 연결된다. 법은 책임의 비대칭성을 대칭성으로, 유일한 인간을 추상적 인간으로 변질케 할 수 있다. 익명적이고 중립적인 법, 추상적인 이 법이 우리가 다른 사람을 만날 수 있는 대면의 장소를 제거해 버릴 위험이 있는 것이다.[35] 레비나스가 법의 기초를 환기할 것을 새삼 강조하는 것은 이런 연유에서다. 그는 말한다.

> 비인격적 대화는 이러한 대면의 상황으로서의 대화를 전제하는 것이 아닌가? 달리 말해서 이미 의지와 의지 사이에는 전제정치 없는 명령의 관계가 있는 것이 아닌가? 이 관계는 비인격적인 법에 여전히 복종하는 것이 아니다. 오히려 이 관계야말로 비인격적인 법의 수립에 필수 불가결한 조건이다.[36]

---

33) E. Levinas, "Les droits de l'homme et les droits d'autrui", *Hors Sujet*, Fata Morgana, 1987, p.166.

34) E. Levinas, "Paix et proximité", *Altérité et transcendance*, Fata Morgana, 1995, p.147.

35) K. Kirkpatrick, "Levinas' Challenge to Abstract Law: Politics as Totality and Religion as Motivation for the Truly Just", *Ars Disputandi*, vol.5, 2011, p.231 참조.

레비나스는 법의 필요성을 인정하면서도 그 보편적 특성이 가질 수밖에 없는 한계를 끊임없이 지적한다. 이것은 레비나스가 대면적 관계를 법의 수립을 위한 필수 불가결한 조건으로, 더 적극적으로는 법 너머의 초월적 위치로 놓음으로써 법을 새롭게 사유하고 갱신해야 할 필요성을 제기하는 것이라 이해할 수 있을 것이다. 레비나스적 견지에서, 법이 요구되는 것은 공유된 동일성의 동일화나, 인간의 동물 같은 본성 때문이 아니다. 타인의 얼굴 속에 나타나는 벌거벗음과 그의 굶주림은 익명적이거나 형식적인 표현이 아니라 모든 형식주의의 붕괴를 가리킨다. 그런 한에서 레비나스에서 법은 독특한 타인의 권리 보호를 위해 요구되는 것이라고, 그 법은 보편성을 파고드는 독특성의 이름으로 수립되어야 한다고 말할 수 있을 것이다.

레비나스를 자유주의적 방식으로 읽는 것이 갖는 또 하나의 문제는 타자를 위한 나의 책임이 사적인 자비로 축소된다는 데에, 책임의 사회적이고 정치적인 차원이, 그러니까 그의 윤리가 요구하는 사회적이고 정치적인 차원의 변화 문제가 무시된다는 데에 있다. 고전적 자유주의는 공과 사의 분리를 강조하면서 윤리를 사적인 도덕성으로 환원시킨다. 레비나스 윤리의 정신과 힘은 친절이라는 사적 행위로 제한될 수 없다. 그것은 다른 한편으로 자유주의적 자본주의 경제를 넘어서라는 요구다. 우리는 레비나스가 인권을 타자의 권리로 다루는 대목을 분석하면서 이 점을 언급한 바 있다. 그 요구는 우리에게 사회는 어떻게 해야 인간을 경제결정론으로부터 떼어 낼 수 있는지를, 사회는 어떻게 각 개인의 근원적인 존엄성과 자유

---

36) E. Levinas, "Liberté et Commandement", *Liberté et commandement*, Fata Morgana, 1994, p.42.

를 회복할 수 있는지를 묻게 한다. 레비나스의 윤리는 '공정 교환'을 넘어서 경제적 정의를 위한 물질주의적 요구를 포함한다.[37] 실제로 레비나스에게 타자를 위한 윤리적 책임이 스스로를 드러내는 방법 중 하나는 한 사회의 경제적 관계를 통해서다. 비록 정의에 대한 요구가 경제적 관계 외부에서 연유한다 하더라도, "경제적 관계들 외부에서 비롯하는 정의가 [……] 순수한 존중의 왕국 속에서 유지될 수 있다고 상정하는 것은 환상이고 위선"[38]이다. 억압과 불평등을 제거하기 위해선, 형식적 평등, 법적 평등도 요구된다. 그러나 인간의 존중이나 레비나스가 내세우는 윤리적 정치는 기회의 평등이나 결과의 평등 혹은 평등한 자들 사이의 관계에선 결코 고갈되지 않는 깊이를 갖는다. 그것은 사회적 지평을 초월로, 타자의 고통을 위한 일자의 대신함으로, 경제적 착취의 구속으로부터 타자를 해방시키는 것으로 확장된다.[39]

자유주의의 틀로 레비나스적 정치를 담아낼 수 없다면, 사회주의 특히 마르크스주의의 틀로는 어떤가? 레비나스는 여러 곳에서 마르크스적 사회주의를 호의적으로 언급한다. '경제인'으로부터 출발하는 마르크스주의 철학이 위선적인 설교를 피할 수 있게 한다는 것이다.[40] 1981년 파리에서 리처드 커니(Richard Kearney)와 나누었던 대담에서는 한 걸음 더 나아간다.

---

37) R. Gibbs, *Correlations in Rosenzweig and Levinas*, Princeton University Press, 1992, pp.229~230 참조.

38) *Ibid*.

39) Tahmasebi, "Does Levinas Justify or Transcend Liberalism? Levinas on Human Liberation", pp.532~533 참조.

40) E. Levinas, *De l'existence à l'existant*, Vrin, 1986, p.69[에마뉘엘 레비나스, 『존재에서 존재자로』, 서동욱 옮김, 민음사, 2003, 72~73쪽] 참조.

내가 「신과 철학」(Dieu et la philosophie)에서 서구 존재론의 극복으로서 '윤리적이고 예언적인 외침'에 대해 말했을 때, 나는 사실상 서구 관념론에 대한 마르크스의 비판을 생각하고 있었다. 서구 관념론은 세계를 변혁하는 게 아니라 세계를 이해하기 위한 하나의 시도에 불과했다는 것 말이다. 마르크스의 비판에서, 우리는 진리와 이념적 이해 가능성의 존재론적 동일화를 가로지르는 윤리적 의식을, 이론은 타자를 염려하는 구체적 실천으로 변해야 한다는 윤리적 의식을 발견한다.[41]

마르크스주의는 노동자가 자본주의적 시스템 속에서 희생자가 되는 경제적 부정의를 고발하며, 이에 맞서 약자나 프롤레타리아트를 옹호한다. 레비나스는 "프롤레타리아트의 경제적 궁핍은, 그리고 착취당하는 그의 환경은 타자로서의 타자의 절대적 궁핍일 것"[42]이라면서, 가난하고 억압당하는 사람들에 대한 마르크스의 헌신을 인정한다. 마르크스주의 안에는 타자에 대한 인정이, 타자에 대한 진지한 고려가 있다고, 또 거기에는 타자에게 나의 것을 내어주는 것이 나의 의무라는 점을 깨닫게 하는 면이 있다고 보는 까닭이다.[43]

---

41) E. Levinas, "Dialogue with Emmanuel Levinas", ed. R. A. Cohen, *Face to Face with Levinas*, State University of New York Press, 1986, p.33.

42) Levinas, "Idéologie et Idealisme", p.27.

43) Levinas, "Philosophie, Justice et Amour", p.130 참조. 레비나스가 이 점을 명시적으로 다음과 같이 언급한다. "마르크스주의는 하나의 이론이나 이데올로기 이상의 것이었다. 그것이 의미하는 것은 타자에 대한 헌신이다. 마르크스주의가 표방했던 바는 모든 사람을 포기하는 것이 아니라 그들 모두를 구하는 것이었다. 비록 스탈린주의가 이 모든 것들을 위태롭게 만들긴 했지만, 여전히 마르크스주의 속에는 타자를 향한 이러한 도약이 존재한다"(E. Levinas, "Interview with Myriam Anissimov", ed. J. Robbins, *Is It Righteous To Be?*, Stanford University Press, 2001, p.88).

그러나 책임의 윤리가 현존하는 정치적 질서에 만족하지 않듯, 사회 경제적 정의 역시 책임의 윤리를 만족시키지는 못할 것이다. 약자를 위해 만들어진 경제 시스템 속에서도, 또 그렇게 이뤄진 균형 속에서도 여전히 새로운 부정의가 도래할 수 있기 때문이다.[44] 뿐만 아니라 마르크스가 물질적 차원이 인간 존엄성의 핵심이라는 점을 깨닫고 있다 할지라도, 그가 인간의 유일성을, 인간의 참된 해방을 제시하지는 못했다고 레비나스는 판단한다. 마르크스의 논의는 여전히 동일자의 논리 안에 빠져 있다고, 타자에 대한 이해와 동일화에, 타자의 고통과 자기 자신의 고통을 동일시하는 사태에 기초해 있다고 보기 때문이다.[45]

이런 점에서 우리는 레비나스적 정치가 자유주의나 마르크스주의 너머를 목표한다고 말할 수 있을 것이다. 레비나스적 견지에서 보자면, 이 두 사조는 그들이 가진 수많은 차이에도 불구하고 동일한 기준에 의해 불충분하다고 평가될 것이기 때문이다. 레비나스에 있어 자유주의와 마르크스주의는 모두 존재론에 해당할 것이다. 이 둘은 공히 윤리적 관계를 전체성으로, 그 통일성에 내속하는 부분들로 환원시키려는 경향을 안고 있기 때문이다. 더욱이 자유주의와 마르크스주의는 공히 자신의 한계를, 이상적 통일과 현실 세계의 특수성 사이의 필연적 구분에서 설명한다. 그들이 인정하는 한계는 무한한 책임에 일깨워진 자아가 받는 비난이 아닐 것이다. 대신함이라는 근본적 수동성 속에 있는 피조물의 자유도 아닐 것이다.[46] 그들이 지닌

---

44) R. Burggraeve, "The Good and its Shadow: The View of Levinas on Human Rights as the Surpassing of Political Rationality", *Human Rights Review*, vol.6, no. 2, 2005, p.91 참조.

45) Tahmasebi, "Does Levinas Justify or Transcend Liberalism? Levinas on Human Liberation", p.528 참조.

46) A. Horowitz and G. Horowitz, "Beyond Rational Peace: On the Possibility/Necessity of a Levinasian Hyperpolitics", eds. A. Horowitz and G. Horowitz, *Difficult Justice:*

가장 근본적인 한계는 불완전한 제도나 그것을 운용하는 몇몇 개인의 일탈, 혹은 경제적 불평등이나 계급 간의 대립에 있는 게 아니라 더욱 근원적으로는 선함을 망각했다는 사실에 있다는 것이 레비나스의 생각이다. 그가 제시한 윤리적 비대칭성이란 관계 구도는 자유주의의 형식적 평등(평등한 권리와 자유) 너머를, 마르크스의 형식적 정의(경제적 평등) 너머를 목표한다.[47]

다른 한편으로 우리는 레비나스의 정치 사유를 자유주의/공동체주의 틀 속에서도 생각해 볼 수 있을 것이다. 일반적으로 공동체주의 운동은 그것이 자유주의의 전제들을 문제 삼는다는 점에서, 자연권과 개인 대신에 책임과 공동체를 강조한다는 점에서 레비나스적 정치의 근본적 전제들과 공통점이 있다고 할 수 있다. 하지만 레비나스의 궁극적인 정치적 공식화가 공동체주의나 전통적인 자유주의 정치 사유와 어떻게 다른지를 보여주려는 시도는 그리 많지 않아 보인다. 그리고 어떤 점에서 레비나스의 윤리가 자유주의와 공동체주의 사이에서 벌어지는 현재의 대화를 고무시킬 수 있는지에 대한 설명도 그리 많지 않다.[48] 우리는 여기서 그 얼개만을 간략히 살펴보도록 하겠다.

주지하다시피 자유주의는 개인의 자유를 가장 중요한 사회적 가치로 상정하는 사고방식이나 이념으로 정의할 수 있을 것이다. 자유주의는 개인이 지닌 불가침의 권리를 통해 개인의 자유로운 활동을 보장하고 또 여러 개인들 사이의 관계를 규율한다. 그런 점에서 자유주의와 개인주의는

Commentaries on Levinas and Politics, University of Toronto Press, pp. 28~29 참조.

47) Tahmasebi, "Does Levinas Justify or Transcend Liberalism? Levinas on Human Liberation", p. 532 참조.

48) W. P. Simmons, *An-Archy and Justice: An Introduction to Emmanuel Levinas's Political Thought*, Lexington Books, 2003, pp. 79~80 참조.

동연적이다. 개인주의는 개인을 사회적·정치적·경제적 삶의 중심에 두기에, 개인주의의 극단적 형식에서 공동체는 단지 개인들의 집합체에 불과하다. 자유로운 개인의 권리는 자유주의 철학과 실천의 제일원리이다. 개인의 선이 핵심이고, 개인의 자율성이 인간을 규정한다. 반면 공동체주의는 자유주의가 무시하고 있는 삶의 중요한 면모가 인간 공동체에 있다고 본다. 알다시피 공동체주의는 정치 사유의 새로운 탈(脫)자유주의적 철학이며 자유주의 문화에서 수립된 민주적 실천의 일종으로서 자유주의 전통에서 발생했다. 공동체주의는 공동체를 사회적·정치적·경제적 삶의 중심에 두기에, 공동체주의의 극단적 형식에서 개인은 공동체의 선에 봉사하기 위해 필요한 권리만을 획득한다. 공동체의 복지가 공동체주의 철학의 첫 번째 원리다. 공동의 선이 핵심이고 공동체의 성원됨이, 특정한 공동체적 가치와 공동의 선이 인간을 규정한다.[49]

레비나스가 인간을 대체 불가능한 유일자로, 공동체와 공통성으로 환원 불가능한 독특성을 지닌 자로 상정한다는 점에서, 그 누구도 대신할 수 없는 '한 인간'의 책임을 상정한다는 점에서 그 역시 개인주의의 틀을 벗어나지 못한 것은 아닌가 하는 의문이 들 수 있을 것이다. 레비나스가 내세운 타자 철학이 결국은 타자를 책임지는 주체의 철학의 다른 이름 아니냐는 의구심도 들 것이다. 레비나스 스스로도 "아나키적인 윤리적 개인주의"[50]를, "책임을 통한 개체화"[51]를 언급한 적이 있다. 이런 점에 착안해, 혹자는

---

49) G. Kunz, *The Paradox of Power and Weakness*, State University of New York Press, 1998, pp.177~178 참조.

50) E. Levinas, "Transcendance et Hauteur", *Liberté et Commandement*, Fata Morgana, 1994, p.99.

51) Levinas, "Philosophie, Justice et Amour", p.118.

레비나스의 철학을 '전도된 개인주의', '전도된 자유주의'라고 과감하게 규정하는 데까지 이른다.[52] 하지만 우리는 레비나스가 강조하는 유일자, '타자를-위한-일자'가 서양 근대의 '개인'과 얼마나 다른지를 앞에서 검토했다. 오히려 레비나스에게 개인은 넘어서야 할 대상이다. 개인의 변형이나 개인에 대한 새로운 이해는 레비나스의 목표가 결코 아니다. 또 레비나스가 제삼자를 통해 개인의 책임을 타자들을 위한 책임으로까지 확대하고 개인에 대한 관계의, 자유에 대한 책임의, 보편성에 대한 특수성의 우위를 강조한다는 점에서 그와 공동체주의의 유사성을 발견하려는 사람도 있을 것이다. 사정이 그렇다 하더라도, 레비나스에서 공동체가 개인에 대한 우선권을 갖는 것은 분명 아니다. 또 공동체주의가 모든 사람을 동일자로 만들려고 시도하진 않지만, 거기엔 개인과 개인의 관계를 결코 외재적이지 않은 관계로 이끄는 경향이 있다. 레비나스는 공동체주의의 전체화하는 경향을 받아들이지 않으면서 소유적 개인주의로부터 떠나고자 했다.[53] 레비나스의 이상은 공동체도, 다양성도, 관용도 아니다. 그것은 오지 대신함, 즉 타자를 위한 일자다. 레비나스 철학의 주요 관심사는 물질적 조건과 평등을 초월하는 어떤 것에, 근본적으로 비평등적인 어떤 것에, 레비나스가 다른 사람에 대한 주체의 무한한 책임으로 규정한 것, 즉 그가 윤리라고 부른 것에 집중해 있다.[54] 나는 나의 존재를 넘어설 수 있다는 점에서, 타자에

---

52) C. F. Alford, "Levinas and the Limits of Political Theory", ed. M. Diamentides, *Levinas, Law, Politics*, Routledge, 2007, pp.118~120 참조.

53) R. Bernasconi, "Extra-Territoriality: Outside the State, Outside the Subject", ed. J. Bloechl, *Levinas Studies: An Annual Review*, vol.3, Duquesne University Press, 2008, pp.76~77 참조.

54) A. Herzog, "Political Equality in Levinas's "Judaism and Revolution"", *Telos*, vol.152, 2010, p.70 참조.

대한 나의 책임을 떠맡을 수 있다는 점에서 자연을 넘어서 있다. 우리가 우리 자신의 행동 법칙과 우리 실존의 의미를, 심지어 우리 자신의 자기의식을 발견하는 곳은 우리의 마음 깊은 곳에서나 내성에서가 아니라 자기 자신 바깥에서, 정확히는 타자의 직접적인 요구에 대한 구체적인 응답 속에서다. 우리는 타자에 대한 아나키적 책임 속에서 우리 자신을 설명하라고 요구받는다. 이것이 레비나스 철학이 개인주의나 공동체주의 ─ 근대의 출현 이후 정치철학을 이러저러한 방식으로 구체화했던 양자택일 ─ 와 화해할 수 없는 근본적 이유다.[55]

레비나스가 국가의 기원과 관련해 제기하는 가정을 따져보는 것이 중요하다. 앞서 언급한 대로, 레비나스에 있어 국가와 법의 필요성이 제기되는 이유는 내가 나의 이웃에 대한 책임을 한정해야 하기 때문이다. 즉 타자에 대한 무한한 책임을 제삼자로 인해 조절해야 하기 때문이다. 우리는 이런 레비나스의 가정과 아나키 사이에서 어떤 관계를 생각해 볼 수 있지 않을까? 가장 손쉬운 답변은 국가의 수립이 (전)근원적인 아나키의 제한에 상응한다고 말하는 것이다. 그러나 레비나스가 정의로운 국가가 만인을 위한 일자의 책임에서 기인하는 것은 아닌지를 아는 것이 중요하다고 말할 때 우리가 고려해야 할 더욱 중요한 사안이 있다. 제삼자의 개입이 아나키적 선함이 국가에 예속되는 사태를 의미하는 것이 아니라는 것 말이다. 아나키와의 관계가 정치 속에 문제를 일으킨다는 것은, 정치의 문제를 야기한다는 것은, 이론의 여지가 없다. 왜냐하면 제삼자의 출현과 더불어 발생하는 정의의 문제가 비교할 수 없는 것을 비교하고 유일자들을 계산에 회부할 때조차도, 이 정의는 자신의 원천, 즉 아나키적 윤리에서 떨어져 나

---

55) Bernasconi, "Extra-Territoriality", p.64 참조.

오지 못하기 때문이다. 따라서 아나키는 국가를 다차원적인 공간에 수립하는 결과를 초래한다. 거기서 국가는 자신이 비롯하는 이 비상한 얽힘과, 국가가 추구하며 성취하고자 하는 정의 사이에서 이러지도 저러지도 못하는 상황에 놓이게 된다. 이런 관점에서 보자면, 국가는 언제나 자신의 합법성을 결정하기 위한 이중의 물음에 직면하게 된다고 할 수 있을 것이다. 국가는 대면적 관계를 보존할 수 있는가 하는 물음과, 이 대면적 관계가 소위 국가의 목적으로 여겨지는 정의로운 사회의 건설에 이바지하는가 하는 물음 말이다. 이런 물음은 본질적으로 스스로를 자기 속에 가두며 자신을 중심으로 삼는 국가의 자연적 경향에 대항케 한다.[56]

앞서 우리는 레비나스가 '영원한 혁명'을 주장한다는 점을 살펴보았다. 여기서 강조할 것은 '영원한'이라는 단어다. 혁명의 위험은 그것이 인내하지 못한다는 데에, 그것이 수립된 부당한 질서를 전복하는 것에만 온 힘을 기울인다는 데에 있다. 하지만 마르크스주의가 스탈린주의로 변하듯, 선한 의도가 항상 선한 결과만을 가져오는 것은 아니다. 혁명은 비인간적인 사회·정치 질서에 반하는 저항에 의해 추동되지만, 그런 저항이 무고한 희생을 낳을 수도 있다. 혁명의 시도가 갖는 급진성과 완고함은 자신이 내세운 원인과 목적에 집착하게 만들며, 이것은 선의 악을, 다른 말로 하자면 폭력의 새로운 형태를 일으킬 수 있다. 레비나스가 영원한 혁명의 필요성에 대해 말하는 것은 바로 이 때문이다. 그 어떤 혁명도 끝일 수 없다. 모든 사회적 전복은 언제나 퇴락의 위험이 있다. 기성의 사회 정치 권력이 부정의하다는 이유로 전복을 획책하는 혁명은 그 또한 권력을 쟁취하자마

---

56) M. Abensour, "L'an-archie entre métaphysique et politique", *Les Cahier Philosophique de Strasbourg: Levinas et la Politique*, no.14, 2002, pp.128~130 참조.

자 권력을 비정상적으로 향유할 위험에서 자유로울 수 없다. 어떤 혁명도 권력을 추구하는 자신의 이데올로기로부터 안전하지 않다. 새로운 제도가 소위 새로운 정의로 정착되는 순간, 그 새로움은 사라진다. "혁명은 국가를 파괴하는 것이 아니다. 그럴 경우 혁명은 다른 정치 체제에 동조하는 것이 되기 때문이다"[57]라고 레비나스는 말한다. 우리에게 새롭고 영원한 문제제기가, 다른 말로 하자면 "윤리적 반란"이[58] 필요한 이유가 바로 여기에 있다. 오직 이런 방식으로만, 정의는 자신의 윤리적 특성이 화석화되는 것을 막을 수 있고, 그 자신의 반대물 속에서 질식되는 것을 견뎌낼 수 있다. 게다가 그럴 때에만 정의는 선이 악으로 변형되는 사태에 대응할 수 있게 된다. 레비나스는 혁명을 새로운 질서가 아니라 아나키의 원리로 이해하고자 한다. 관건은 전문적인 혁명가의 혁명이 아니라 그 어떤 행정 조직도 다다를 수 없는 인간을 그 타자성 속에서 다가가는 가운데 이미 수립된 질서와 제도, 정의를 뒤엎어 놓는 "영원한 무질서"[59]다. 우리가 모든 사람을 유일자로 대우하는 것이, 그들의 부름에 즉각적으로 응답하는 것이 불가능한 한에서, 정치적 질서의 수립은 불가피할 것이다. 그러나 그것은 명백히 일시적인 것으로, 잠정적인 것으로 그쳐야 한다. 사회적·제도적·경제적, 법적 그리고 정치적 시스템이 스스로를 불변하는 절대적 시스템으로 규정하는 순간, 그것들이 자신을 하나의 완결된 전체로 내세우는 순간, 거기서는 전체주의의 위험성이 싹틀 것이고, 그런 한에서 윤리적으로 요구된 정치는, 곧 윤리를 억압하는 정치로 변질될 것이다.[60]

---

57) E. Levinas, "Judaïsme et Révolution", *Du Sacré au Saint*, Minuit, 1977, p.36.
58) Levinas, "Idéologie et Idealisme", pp.26~27.
59) Ibid., p.28 참조.
60) Burggraeve, "The Good and its Shadow", pp.84~86 참조.

2. 레비나스적 평화

레비나스는 한 대담에서 다음과 같이 말했다.

> 18세기 이래로 우리는 합리적인 시대에, 진보를 향해 나아가던 시대에
> 살았다. 이 진보가 나아가는 곳은 헤겔과 마르크스가 말했던 정의로운 사
> 회였다. 그런데 우리는 오늘날 시간이 어느 곳으로도 가고 있지 않다는
> 인상을 받는다. 달리 말하자면, 우리가 보다 나은 곳을 향해 가고 있는지
> 가 확실치 않다. [……] 내가 말하고자 하는 것은, 인류가 '지금 몇 시야?'
> 라고 묻고 있다는 것이다.[61]

시간이 멈춘 것 같은 그 참혹한 현실 속에서, 미래가 보이지 않는 그 깊
은 절망감 속에서 내뱉은 '지금 몇 시야?'라는 질문, 이것은 "세계대전과 지
역 분쟁들, 일국사회주의, 스탈린주의와 탈스탈린주의, 포로 수용소, 가스
실, 핵무기, 테러리즘"[62]으로 대변되는, 20세기에 일어난 분쟁의 순간을 경
험했고 또 거기에 연루된 레비나스 자신의 질문으로 이해해도 무방할 것
이다. 그런 한에서 반복되는 갈등과 전쟁에서 벗어나 참된 평화를 궁구하
는 일, 이를 통해 인간다움의 회복을 모색하는 일은 레비나스의 사유를 그
근본에서 이해하는 일과 밀접히 연관된다. 우리는 이번 절에서 레비나스
가 제시한 평화의 길이 무엇인지를 검토할 것이다. 우선 우리가 주목해야

---

61) E. Levinas, *Conversation with Emmanuel Levinas 1983-1994*, ed. Michaël de Saint
   Cheron, trans. Bary D. Mole, Duquesne University Press, 2010, pp. 20~21.
62) E. Levinas, "Avant-propos", *Noms propres*, Fata Morgana, 1976, p. 7.

할 점은 레비나스가 평화를 국가의 이해관계 바깥에서, 그러니까 전쟁의 중단이나 휴전 협정을 초과한 것으로 사유하고자 한다는 것이다.

평화에 대한 레비나스의 관점을 살펴보기 위해 우리는 무엇보다 「평화와 근접성」[63]과 『전체성과 무한』의 서문을 참조할 수 있겠다. 거기서 그는 유럽의 위기를 낳은 원인을 궁구하는 가운데 유럽인들이 추구한 평화의 기획을 구체적으로 논평한다. 그에 따르면, 유럽의 평화는 진리로부터 평화를 추구하였다. 그 방식은 다양한 것들을 플라톤의 이데아나 신플라톤주의의 일자와 같은 하나의 원리로 통합하고 동일한 이념적 진리들로 인간들을 모아들이는, 일종의 통일성에 기초한다. 레비나스는 이런 식으로 진행되는 평화의 기획이 성공하리라 생각하지 않는다. 레비나스에게 있어 유럽의 평화, 즉 보편적 앎에 기초한 평화란 실상 "자신의 동일성 안에서 자족하며, 거기서 만족을 느끼거나 만족을 추구하는 존재들 간의 쉼의 평화"[64]일 뿐이다. 더욱이 레비나스는 '자족적인 자아'라는 발상이 한낱 부르주아 정신을 표현해 줄 뿐이며, 더욱이 이것은 자본주의를 고취시키는 방편에 불과하다고 일축한다. 부르주아가 현재 자신이 소유하고 있는 것에 집착하는 보수주의적 행태, 현재의 소유를 위협하는 미래의 위험에 대비해 자본을 축적하려는 그 행태는 모두 동일한 근원에서 연유하고 있다고 본 것이다.[65] 레비나스는 이런 방식의 평화가 야기한 결과를 다음과 같이 냉정하게 서술하고 있다.

---

63) Levinas, "Paix et proximité", pp.136~148.
64) Ibid., p.137.
65) E. Levinas, *De l'évasion*, Fata Morgana, 1982, pp.92~93 참조.

보편적 앎이 세계와 인간 사회에 [……] 비추는 빛에 의해 약속되는 평화와 자유 그리고 평안의 이 역사는 형제 살해적이고 정치적이며 피로 얼룩진 투쟁의 장구한 시간 속에서, 제국주의와 인간에 대한 경멸과 착취로 물든 투쟁의 시간 속에서, 양차 세계대전과 홀로코스트 그리고 테러리즘의 집단 학살로 점철된 우리 시대에 이르기까지, 제3세계에서 계속되는 실업과 빈곤, 파시즘과 국가 사회주의의 잔혹함과 가혹한 독트린 그리고 인간 및 인간의 권리에 대한 보호가 스탈린주의로 전도되는 최고의 역설에 이르기까지 자신을 알아보지 못한다.[66]

레비나스가 폭력과 계약에 의거한 홉스식의 평화나, 보편적 앎과 진리에 의거한 유럽의 평화를 모두 동일성의 한계 내에서 작동하는 동일자의 평화에 불과하다고 주장하는 것은, 이 둘은 공히 일인칭적 관점에 입각하여 평화와 정치의 문제를 논하는 것이자 다양한 개별적 주체를 포괄하는 보편적 대상을 전제하기 때문이다.[67] 레비나스는 이렇게 구현되는 평화를 "국가 권력 속에서, 무력을 이용해 법에 대한 복종을 확증하는 정치 속에서 안전성을 추구하는 추상적인 평화"라고,[68] "그 같은 평화는 소외된 존재들에게 그들의 잃어버린 정체성을 돌려주지 않는다"[69]라고 냉정하게 평가한다. 이성이 모든 사람의 자유를 보호하고 보존하는 객관적 질서를 정당화하고 또 정초할 수 있다고 확신하는 정치철학자들은 보편적인 법을 통해 평화를 추구하려 한다. 이들은 생산 조직이나 권력들의 분배 절차를 조

---

66) Levinas, "Paix et proximité", p.138.
67) 김도형, 「레비나스 철학의 사회철학적 함의」, 107~108쪽 참조.
68) Levinas, "Les droits de l'homme et les droits d'autrui", pp.166~167.
69) Levinas, *Totalité et infini*, p.X[『전체성과 무한』, 9쪽].

정함으로써 상호 관계를 합리화하는 해결책을 신뢰한다. 그러나 정합성의 결과에서 성립하는 이런 정치는 레비나스에 따르자면 이해관심들에 대항하지 않는다. 그런 식의 평화가 유지되는 것은 모든 제도적 평형들이 유지되기 때문인데, 이것은 기억과 역사 속에서 유지되는 현재와 과거의 가짜 평형, 부정의로 전락할 수 있는 법의 평형에 불과하다.[70] 레비나스는 이런 평화에 대해 다음과 같이 평가한다.

> 이성적 평화는 [······] 계산이고 중재다. [······] 존재를 유지하고자 하는 노력, 존재 사이에 있음은 여기서 보상을 통해 유지된다. 이 보상이 미래에 인내심을 가지고 정치적으로 즉각 동의한 양도들의 균형을 이룰 것이다.[71]

레비나스가 내세우는 평화는 두 이해관계 사이의 협상이, 나와 타자가 지닌 소유물의 합법적 보호나 그들 간의 경제적 계약으로 유지되지 않는다. 진리의 부름에 응답함으로써 다양성이 단일성으로 귀착하는 평화, 인간의 다수성을 국가라는 체계의 부분으로 환원하는 식의 평화, 유사한 자들이 각자의 삶에 기반한 채 서로의 필요에 따라 연대하는 국가 안에서의 평화, 레비나스는 이런 식으로 기획되는 '이성적 평화', '정치적 평화'와는 다른 평화의 길을 추구한다. 레비나스에 따르자면, 그것은 '윤리적 평화'의 길이다.

레비나스는 평화와 관련한 자신의 견해를 '종말론'과 관련지어 설명

---

70) É. Akamatsu, *Comprendre Levinas*, Armand Colin, 2011, pp.216~217 참조.
71) Levinas, *Autrement qu'être ou au-delà de l'essence*, p.5.

한다. 그는 참된 평화를 논하면서 "메시아적 평화의 종말론"[72]에 대해 이야기한다. 우선, 오해를 피하기 위해 레비나스가 차용하는 단어 '메시아'와 '종말론'의 함의를 이해하는 것이 필요하겠다. 이 단어들은 유대주의와 같은 실정 종교에서 사용되는 의미와 하등 관계가 없기 때문이다. 그렇다면 레비나스가 메시아라는 단어를 통해 말하고자 한 바는 무엇일까?

> 우리 모두가 메시아다. [……] 메시아주의는 역사의 진행을 중단시키는 한 인간의 강림에 대한 확실성이 아니다. 메시아주의는 나에게 던져져 있는 모든 사람의 고통을 내가 질 수 있다는 것이다. 메시아주의는 내가 나의 이런 능력과 나의 보편적 책임을 인식할 때 생기는 계기이다.[73]

그가 말하는 메시아는 이 세상을 구원할 신의 아들, 이 세상을 심판하고 내세로 이끌고 갈 안내자가 아니다. 레비나스가 주장하는 메시아는 무한한 책임을 진 나, 타자의 책임에까지 책임을 지는 나, 그러니까 레비나스가 강조하는 윤리적 자아의 다른 이름일 뿐이다. 따라서 메시아적 평화의 사건은 이 세계를 떠난 또 다른 세계에서 일어나는 것이 아니라 우리가 살아가는 현실 속에서 타자를 위함으로 나타난다. 그것은 현재에 대한 즉각적이고 직접적인 개입으로서, 현실의 폭력과 고통 와중에 이미 현재와 관련되어 있는 것이다.[74]

---

72) Levinas, *Totalité et infini*, p.X[『전체성과 무한』, 9쪽].

73) E. Levinas, "Textes messianiques", *Difficile Liberté*, Albin Michel, 1976, p.139.

74) C. Chalier, "À propos de la guerre et de la paix", ed. G. Bensussan, *Les Cahier Philosophiques de Strasbourg: Levinas et la Politique*, no.14, 2002, p.104 참조.

종말론도 사정은 다르지 않다.[75] 레비나스가 내세우는 종말론은 시간의 끝이나 약속의 성취로서의 역사의 종말이 아니다. 레비나스에서 역사란 이해관계의 충돌과 갈등이 벌어지는 무대이자, 인간의 고유한 삶이 전체와의 관련 속에서 해석되고 자리매김하는 장소이다. 이런 역사가 "나와 타자를 비인격적 정신으로 통합한다고 주장한다 할 때, 그렇게 내세워지는 통합은 잔인함이고 부정의다. 다시 말해, 그것은 타인을 무시한다. 인간들 사이의 관계로서의 역사는 타자를 마주 대하는 자아의 위치를, 타자가 나와 관련해 초월적인 것으로 남아 있는 그 자리를 무시한다."[76] 레비나스가 종말론 개념을 통해 말하고자 한 것은 이런 역사와의 단절이자 극복이다. 그는 종말론을 가리켜 **"언제나 전체성에 외재적인 잉여와 맺는 관계"**[77]라고 명명한다. 종말론은 역사가 나아가야 할 방향이나 어떤 목적론적 체계의 성립과 무관하다. 그것은 전체성 너머를, 전체성이 결코 포함할 수 없는 바깥을 지칭한다. 그렇다고 그 바깥이 우리의 삶과 무관한 피안을 의미하는 것은 아니다. 그것은 오히려 우리가 이해하고 포착하는 이 세상이, 그 세계에 대한 우리의 전체론적 이해가 완결될 수 없음을, 그러니까 우리가 사는 이 세상은 우리가 장악할 수 없는 것으로부터 끝없이 영향을 받고 있음을 나타내는 것이라 보아야 한다. 레비나스에서 종말론적인 것은 우리의 삶에 개입하여 전체성을 넘어서서 역사의 익명성으로부터 우리를 구해 내는 역할을 한다.

---

75) '종말론'에 관한 이하의 논의는 문성원, 「윤리와 종말론」, 『시대와철학』 24집 4호, 한국철학사상연구회, 2013, 특히 106~111쪽 참조.
76) Levinas, *Totalité et infini*, p. 23[『전체성과 무한』, 59쪽].
77) *Ibid.*, p. XI[10쪽].

이 '너머'는 전체성과 역사의 **내면**에, 경험의 **내면**에 반영된다. 역사의 '너 머'가 존재들을 역사와 미래의 법정에서 떼어 내는 이상, 종말론적인 것 은 그 존재들이 책임으로 충만하기를 바라고 존재들을 그러한 책임으로 불러낸다. [……] 중요한 것은 최후의 심판이 아니라, 살아 있는 자들을 심판하는 시간의 매 순간마다 행해지는 심판이다.[78]

레비나스는 진보 사관이나 목적론적인 역사관과 대비하기 위해 '심 판'이란 개념을 도입한다. 심판은 역사의 한 계기가 아닌 바로 '여기'의, 바 로 '지금'의 중요성을 표현한 것인데, 레비나스에 있어 종말론적인 이 심판 은 전체성에 매몰된, 그러니까 익명적인 법칙과 그것을 따르는 전체성의 역사 속에서 우리를 불러내어 그 소환에 응답하기를, 책임을 다하기를 명 령한다. 레비나스에 있어 평화는 이런 방식으로 성립한다. 평화는 타자의 무한한 부름에 응답함으로써, 갈등과 지배로 점철된 이해관계의 영역을 넘어섬으로써 성립하는 셈이다. 그럼으로써 타자를, 타자 앞의 나를 구원 하는 것이다.

레비나스는 평화 개념을 다원론과 관련지어 설명하기도 한다. 그는 "다원성(pluralité)의 통일, 그것은 평화이지 다원성을 구성하는 요소들의 정합성이 아니"[79]라면서, 전체성에 대항하는 개념으로 다원론을 제시한다. 우선, 그는 중립적인 다수성과 참된 다수성, 즉 다원론을 구분한다. 중립적 인 다수성이란 "한 체계가 지닌 분절들의 다수성을 표현하는 복수성"[80]을

---

78) *Ibid.*, p. XI [10~11쪽].
79) *Ibid.*, p. 283 [461쪽].
80) *Ibid.*, p. 192 [323쪽].

일컫는 것인데, 그렇기에 이때의 복수의 항들은 "전체화에 무방비 상태로 남는다".[81] 여기서 사회적인 것, 즉 전체성 관념으로부터 사유된 사회적인 것의 모델은 동질성의 모델에 기초해 있기에, 분리된 항들 사이의 관계란 형식적인 관계에 불과하며, 그것들은 상호 교환 가능한 것으로, 대체 가능한 것으로 여겨진다. 사회적인 것 또한 집단적인 주체로, 즉 개별적 주체의 총합으로 간주된다. 전체성으로부터 이해된 사회성은 통일성이라는 이념에 근간하며, 사회적인 것은 자신을 이루는 복수성을 상실하고 통일성으로 귀착하게 된다.[82] 따라서 이런 사회는 레비나스가 강조하는 인간의 다원성을 보장하지 못할 것이다. 거기서는 인간의 근본적인 타자성과 이질성이 상실되고 인간에 외재적인 관점이 일반적 질서를, 중립적 관계의 망을, 사회를 규정할 것이기 때문이다.[83] 인간의 근본적 다수성이 없다면, 그래서 사회적인 것이 전체성으로 환원되어 버린다면, 정치라는 공적 공간은 허상으로 남게 될 것이다. 정치가 제기하는 문제도 이미 해결되거나, 철학적 이론에 의해 완전히 해소되고 말 것이다. 이런 이유로 레비나스는 전체성으로부터 출발해 사회적인 것을 생각하는 것에 반대한다. 이것은 이중의 함의를 갖는다. 사회적인 것은 개별적인 것의 부정이나 지양이 아니다. 더욱이 사회적인 것은 고립되고 외로운 주체성의 확장이 아니다. 레비나스가 내세우는 다원론은 중립적인 다수성, 그러니까 그 차이가 무화되어 하나의 질서 속에 배치되는 부분들의 총합이 아니다. 레비나스는 "하나의 전체성으로 환원될 수 없는 결합"[84]을, "수의 통일성으로 사라지지도

---

81) Levinas, *Totalité et infini*, p.196[『전체성과 무한』, 329쪽].

82) F. Ciaramelli, "Le refus de l'immédiat: Remarques sur Levinas et la question de la justice", *Revue internationale de philosophie: Emmanuel Levinas*, no.235, 2006, p.67 참조.

83) Akamatsu, *Comprendre Levinas*, pp.267~268 참조.

않고 전체성으로 통합되지도 않는"[85] 관계를 일컬어 다원론이라 명명한다. 레비나스가 주창하는 다원론은 하나의 전체로, 즉 하나의 유일한 인간으로 모든 사람들을 모으는 것과 하등 관련이 없다. 더군다나 그것은 하나의 지배적 의지를 중심으로 모이는 동질적인 사회에 반대한다. 다원론은 독특한 인간들이 그 자신으로 살아가는 장소다. 그 곳은 타자를 존중하며 사회적 획일성을 배제한다. 다원론, 그러니까 진정한 의미의 사회적인 것은 개별적인 것의 단순한 증대나 개별적인 것의 전체화가 아니라 근원적 차이다. 이 근원적 차이가 우리로 하여금 통일성의 범주를 벗어나게 하며, 인간들을 병렬적인 주체들의 얽힘에서, 그 결과 전체화할 수 있는 주체들의 얽힘에서 사면시킨다. 차이의 다원론, 즉 분리된 각각의 항이 자신이 포함되는 관계로부터 사면되는 동시에 각각이 유일한 것으로 남는 사태, 이것이 전체성과의 분별을, 타자성과의 관계를 보증해 준다.[86]

레비나스에 따르자면, 전체화에 대립하는 다원론은 "나로부터 타자로 나아가는 선함 속에서"[87] 가능하다. 레비나스는 이 다원론을 성취하는 방법으로 '대면'을 제시하고, 대면의 복수성, 동일자와 타자의 복수성이 궁극적인 상황이라고, 이를 가능케 하는 얼굴의 맞댐이 평화를 위한 유일한 길이라고 주장한다. "평화는 순수하게 정치적인 사유를 넘어서는 개념"[88]이라는 것이다. 데리다가 잘 분석하고 있듯이, 이 말은 평화가 정치적이지 않은 개념이라는 뜻이 아니다. 오히려 그 말의 의미는 평화는 정치적인 것

---

84) Levinas, *Totalité et infini*, p.53.
85) *Ibid.*, p.53.
86) Ciaramelli, "Le refus de l'immédiat", p.71 참조.
87) Levinas, *Totalité et infini*, pp.282~283.
88) E. Levinas, "Politique après!", *L'au-delà du verset*, Minuit, 1982, p.228.

을 초과한다는 것이다.[89] 이것은 정치로 환원되지 않는 평화, 사회적 관계와 갈등의 중재라는 계산적 요소로 귀착하는 않는 평화, 역사와 존재 너머의 평화를 요구하는 것이다. 이런 주장의 밑바탕에는 단지 상충하는 이해관계를 조절하는 것으로는, 현재보다 더 나은 정치 사회적 상황을 수립하는 것만으로는 궁극적 평화를 이룩하지 못하리라는 판단이 놓여 있다. 또한 그가 살았던 20세기 현실에 대한 진단이 놓여 있다고 할 수 있겠다. 이성적 평화, 국가의 평화가 전쟁을 중단시킬 수 있겠지만, 전쟁이 근원적인 것은 아니다. 레비나스는 전쟁 이전에 평화를, 타자의 현존을, 타자와 맺는 비(非)알레르기적 관계를 주장한다. 레비나스에 있어 평화는 "타자성과의 관계"이자, "타자성과 독특성에 대한 끊임없는 깨어 있음"[90]을 통해 성립한다. 알다시피, 앞서 인용한 표현은 레비나스가 자신의 윤리를 설명하면서 그 특징으로 내세웠던 것이다. 평화를 달성하는 궁극적인 방법으로 타자를 맞아들이고 환대하는 우리의 윤리적 태도가 가장 중요하고 근본적인 것으로 설정되는 것이다. 환대로서의 평화를 주장하는 일은 평화가 적대의 중지나 폭력의 배제, 전쟁의 부재나 평화의 협정 속에서 성취된다고 여기는 입장과 완전히 다르다.

레비나스가 윤리에 기초해 정의와 인권을 논의하는 것도 바로 이점과 관련되어 있다. 더 분명히는, 그가 내세우는 정의론과 인권론은 타자와의 평화적 관계를 맺기 위해 제기되는 정의와 인권에 대한 문제제기인 것이다. 그의 이런 물음이 우리에게 시사하는 바는 무엇인가? 또 그것은 우리에게 어떠한 새로운 사유를 가능케 하고 또 평화를 위한 어떠한 현실적 변화

---

89) J. Derrida, "Le mot d'accueil", *Adieu à Emmanuel Levinas*, Galilée, 1997, p.145 참조.
90) Levinas, "Paix et proximité", p.143.

를 추동케 하는가?

　우선 레비나스의 정의관은 정의에 대한 논의가 법률적 정의의 한계에 머무는 것에 대한, 지극히 정치적인 관점에서만 정의의 문제가 논의되는 행태에 대한 비판인 동시에 현실과 관련하여 보자면, 제도에 집착하는 현대 민주주의의 경향성에 대한 비판이라 할 수 있을 것이다. 타인을 맞아들이고 그에게 책임을 다함으로써만 정의가 발생한다는 레비나스의 주장은 인간 삶에서 통용되는 기성의 규범이 갖는 한계에 대한 지적인 동시에, "정의가 정치로, 정치의 책략과 술수로 귀착"[91]할 수 있음에 대한 경고로 읽힐 법하다. 이런 견지에서 보자면, 레비나스의 견해는 윤리의 영역과 정치의 영역을, 사적 영역과 공적 영역을 명확히 구분하던 기존의 사고방식에 대한 비판으로 확장해서 이해해 볼 수도 있을 것이다. 기존의 구분법은 공적 영역과 사적 영역을 독립적인 차원으로 분리하고 공적 영역의 독자성을 인정한다. 문제는 그럴 경우 공적인 문제, 다시 말해 정치적 문제는 정치적 합리성으로만 해결될 수 있고, 정의의 영역은 필연적으로 법의 테두리 내로 한정된다는 점이다. 레비나스는 타인의 문제를 정치의 문제로 가져가는 것에 깊은 우려를 표명한다. 중립적이고 보편적인 법의 영역 안에선 독특하고 유일한 타자의 요구가 결코 만족될 수 없다고, 도리어 왜곡이 일어날 수밖에 없다고 보기 때문이다. 이런 식의 논의의 핵심은 국가와 정치 제도가 결코 해소할 수 없는 예외를 상기시키는 데 있다. 타자를 위한 정의는 단순히 원칙의 보편성이나 도덕적 명증의 존경 속에서가 아니라, 다른 사람의 유일성에 대한 인정, 그리고 그의 독특성에 대한 존중 속에서 비로소 구현될 수 있다는 것이다.[92] 아울러 기존의 정의론이 정의의 문제를 정치

---

91) Levinas, "Les droits de l'homme et les droits d'autrui", p.167.

의 문제로만 다룸으로써 정의와 관련한 나의 역할을 축소시키거나 왜소화했다면, 레비나스는 책임 관계의 유일성을 제시하고 이를 통해 정의를 '나와 타인'의 관계로, 더욱 정확히는 타인에 대한 '나'의 책임으로 가져온다. 정의의 수립을 위한 주요한 축으로 나의 문제를 제기하는 것이다. "타자를 책임지라는 윤리적 긴급성은 …… 우리가 세계 속에서 취해 왔던 자연적·정치적 입장들을 뒤흔든다"[93]라고 그는 주장한다. 이런 식의 발상은 실정법 아래 또아리 틀고 있는 자기 충족성을 그 근본에서 문제 삼는 것이라 할 수 있을 것이다. 상황이 그러하다면 나의 것을 주고 타인을 환대하는 우리의 태도야말로 정의의 조건이자 정의의 실현에서 결코 배제될 수 없는 것이라 할 법하다.[94]

레비나스의 인권론은 정의의 이런 특성을 보여 주는 구체적 사례라고 할 수 있을 것이다. 인간의 인간됨이 타인을 위한 책임으로부터 비롯한다면, 인권 또한 근원적으로 다른 인간의 권리일 수밖에 없으며, 타자의 권리를 보호하는 일 또한 국가가 부여하는 시민권으로, 국가에 속한 모든 사람들이 누려야 할 평등주의적 권리로 한정되어서는 안 된다. 평등한 권리를 누리는 것마저 녹록치 않은 현실을 감안할 때, 이런 식의 논의가 평등주의를 거부한다는, 그런 한에서 현실의 차별과 불평등을 공고히 할 수 있다는 인상을 줄 수도 있을 것이다. 앞서 수차례 언급했듯이, 레비나스의 의도는 평등주의를 거부하는 것이 아니라 평등주의 속에 내포된 유일성의 사

---

92) P. Hayat, *Individualisme éthique et philosophie chez Levinas*, Klimé, 1998, pp. 44~46 참조.
93) E. Levinas and R. Kearney, "Dialogue with Emmanuel Levinas", ed. R. A. Cohen, *Face to Face with Levinas*, State University of New York Press, 1986, p. 23.
94) 김도형, 「레비나스의 정의론 연구: 정의의 아포리, 코나투스를 넘어 타인의 선으로」, 『대동철학』 55집, 대동철학회, 2011, 260쪽 참조.

상(捨象)을, 거기서 도외시될 수 있는 약자의 문제를 염려하는 것이다. 그의 인권론이 강조하는 것도 구체적인 타자, 특히 굶주리고 고통받는 약자다. 레비나스는『전체성과 무한』에서 "인간을 먹을 것 없이 내버려 두는 것은 어떤 상황으로도 무게를 덜 수 없는 잘못이다. 자발적인 것과 비자발적인 것의 구분은 여기엔 적용되지 않는다"라는[95] 랍비 요하난 벤 자카이(Yochanan ben Zakkai)의 말을 인용한다. 타자의 권리를 존중하는 일은 한편으론 그의 굶주림에 구체적으로 답하는 일이다. 레비나스는 타인에 대한 구체적인 환대를 요구한다. 응답하는 주체 또한 육화된 존재이며 구체적인 환대로 응답하는 자다. 이런 환대는 너무 극단적이어서, 그럴 때 나의 행동은 "자신의 입 안에 있는 빵을 꺼내 타자에 주고 자신의 어깨에서 망토를 벗어 타자에게 주는 것"[96]으로, "지갑만이 아니라, 제 집의 문을 여는 것"[97]으로까지 확장된다. 이렇게 레비나스는 타자의 궁핍함의 문제를 나와 무관한 것으로 여기는 것에 반대한다. 그렇다고 해서 레비나스가 궁핍한 타자를 불쌍히 여기는 연민의 감정을 가져야 한다고, 그 또한 우리와 동일한 인간이기에 우리와 동일한 대접을 받아야 한다고 주장하는 것은 아니다. 오히려 그는 그 너머를 요구하고 있다고 해야 할 것이다. 레비나스는 존재성의 지평을 넘어서는 관계, 즉 대신함을 이야기한다. 동정은 "굶주렸던 자의 입장에서 타인에 대해 그리고 타인의 굶주림에 관해 느끼는 자연스런 감정"이지만, "대신함은 내가 누구를 동정할 때 그렇게 하듯이 '나를 어떤 사람의 자리에 두는' 것이 아니다. 대신함은 **속죄**의 방식으로 타인을

---

95) Levinas, *Totalité et infini*, p.175 [『전체성과 무한』, 297쪽].
96) Levinas, *Autrement qu'être ou au-delà de l'essence*, p.71.
97) *Ibid.*, p.94.

위해 고통당함을 뜻한다. 이러한 **속죄**만이 모든 동정을 가능하게 한다."[98]
타자의 권리를 보호하는 것은 자기로의 회귀나 자기 긍정을 벗어나 세계로 다 담아낼 수 없는 타자로 끝없이 열리는 것이다. '태양 아래의 나의 자리'라는 그 근본적 태도 위에 타자에 대한 책임이, 다함이 없는 "겸손한 책임"[99]이 놓이는 것이다. 이렇듯 레비나스의 정치 사유는 '차이에 대한 관용'을 주장하는 온화한 정치적 입장을 넘어선다. 더욱이 폭력적인 국가 권력에 대한 대항 담론의 수준을 넘어선다. 우리에게 요구되는 것은 다름 아닌 '위함'이다.[100]

한편으론 보편적 규범을 수립하고자 하는 욕망이 있고, 다른 한편으로는 그런 규범을 인권으로 생각하지 않는 사람들에게 그것을 부과하는 것을 피하고자 하는 욕망이 있다. 이 논쟁에 참여하는 사람들은 다른 문화를 배척해 버리는 일련의 문화적 전제들을 가정하지 않으면서 제도를 비판하고 개인들의 도덕적 가치를 보호할 수 있는 인권의 형태를 수립하고자 한다. 이러한 계획은 문화 상대주의가 증대되고 인간에 대한 계몽주의적 이상이 포스트모던에 의해 해체되는 오늘의 상황을 고려할 때 더 많은 어려움에 직면하게 되었다. 어떤 사람들은 일군의 권리가 포스트모던이 판치는 세계에서 완전히 합의될 수 있는 것인가를 묻는 반면, 또 다른 사람들은 권리들의 적은 목록만이 수립될 수 있다고 주장한다. 레비나스는 경험적 사실 대신에 전-문화적인 초월적인 것에 기초한 인권을 이야기한다. 이것

---

98) Levinas, *Dieu, la mort et le temps*, pp. 202~211 [『신, 죽음 그리고 시간』, 260, 274쪽].
99) E. Levinas, "The Contemporary Criticism of the Idea of Value and the Prospects for Humanism", ed. E. A. Maziarz, *Value and Values in Evolution*, Gordon and Breach, 1979, p. 186
100) 김도형, 「레비나스의 인권론 연구: 타인의 권리 그리고 타인의 인간주의에 관하여」, 『대동철학』 60집, 대동철학회, 2012, 19~20쪽 참조.

은 역사적 상대주의나 오늘의 지배적 체제에 결코 의존하지 않은 채 인권을 궁구할 가능성을 제공한다.[101) 인권 담론에서 논란을 일으켰던 보편주의-특수주의 논쟁 한편에 레비나스를 위치시킬 수 없는 것도 이 때문이다. 레비나스는 우리로 하여금 인권에 대한 새로운 정당화 방식을 요구한다.

3. 레비나스에 대한 문제제기

레비나스는 윤리를 통해 정치를 새롭게 사유하고자 하였다. 레비나스는 주체의 자기화 과정으로 통합될 수 없는 환원 불가능한 타자성에 대한 개방과 존중을 중심축으로 하여, 이에 수반되는 정치와 윤리 사이의 간극을 한편으로는 강조하고 또 한편으로는 메우면서 자신의 정치 사유를 전개했다. 정치는 윤리의 전망에 불충분하다고 비판되기도 하였지만, 우리의 현실에 개입하는 하나의 수단으로 차용되기도 하였다. 물론 정치적 개입은 이에 선행하고 이것을 지탱하는 것이되 결코 그런 개입에 의해 완전히 실현될 수 없는 윤리적 요구 뒤에 온다. 관계들의 장으로서의 정치, 분절과 위계에 얽힌 장으로서의 정치가 자신에 앞서는 독특한 관계에 기초하여 카오스적인 것으로 변할 여지를 갖는 것도 레비나스에게는 불가피해 보인다.[102) 레비나스의 이런 입장에 대해, 윤리와 정치 그리고 그 관계들에 대한 발본적 주장에 대해 적지 않은 우려 내지 비판이 뒤따랐다.

　　레비나스에게 제기되는 가장 일반적인 비판은 그가 주장하는 타자에

---

101) Simmons, *An-Archy and Justice*, pp.83~87 이하 참조.

102) G. Bensussan, "La précession de l'Éthique sur la Justice: face-à-face et pluralité", *Les Cahiers Philosophiques de Strasbourg: Levinas et la politique*, no.14, 2002, p.10 참조.

대한 무한한 책임이라는 발상이 규제와 불완전함 모두를 특징으로 하는 정치 세계에서 작동할 수 있는가와 관련되어 있다. 레비나스적 정치가 현실 국가에서 가능한 것인가, 이를 위해서는 어떤 제도나 정치적 매개가 필요한 것인가 하는 문제가 제기되는 것이다.[103] 레비나스의 가장 충실한 독자라 할 수 있는 데리다 또한 레비나스 사유의 여러 문제점을 지적했다. 그는 레비나스의 제일철학으로서의 윤리가 이데올로기적·정치 선동적·무정치적 도구와 같은 것으로 악용될 가능성에 대해, 즉 레비나스의 이론을 받아들이면서 그것을 '비정치화'나 정치적 회유의 수단으로 사용할 위험성에 대해 염려했다. 사람들이 정치적 책임의 비극적인 분쟁성과 피할 수 없는 긴급함을 중립화하기 위해 윤리라는 심급을 사용할 수 있다는 것, 다른 말로 표현하자면 윤리를 사법과 정치를 무효화시키는 알리바이로 사용할 수 있다는 것이다.[104] 애석하게도 이런 질문들에 대한 온전한 답변을 레비나스에게 기대할 수는 없을 것이다. 그것은 레비나스의 목표가 전체주의적 경향, 그러니까 한 인간을 하나의 사례나 지위로 환원하는 제도나 원리에 도전하는 것이었기 때문이다. 우리를 아나키로, 정치에 대한 끊임없는 물음으로 이끌어 정치철학이 어떻게 작동하며 발생하는지와 관련된 우리의 전제를 뒤엎는 것이었기 때문이다.[105]

레비나스에게 가해지는 비판은 이뿐이 아니다. 타자를 무조건적으로 환대하라는 그의 사유가 우리의 현실적 상황에서 가능할 것인가, 혹은 이

---

103) 이와 같은 물음을 제기한 학자와 그 논문은 Kirkpatrick, "Levinas' Challenge to Abstract Law", p.226n2 참조.
104) J. Derrida, "Derrida avec Levinas: entre lui et moi dans l'affection et la confiance partagée", *Magazine littéraire. Emmanuel Levinas: Éthique, religion, esthétique: une philosophie de l'Autre*, no.419, 2003, p.32 참조.
105) Stauffer, "Productive Ambivalence", p.78 참조.

런 식의 사고방식이 레비나스의 의도와는 달리 강자에 의해 악용되거나 약자에겐 또 다른 폭력이 될 수 있는 것은 아닌가 하는 의문도 들 수 있겠다. 우리가 이 점을 굳이 부인할 필요는 없을 것이다. 하지만 우리는 레비나스의 철학이 진공상태에서 출현한 것이 아님을 알고 있다. 20세기 제2차 세계대전과 유대인 학살이라는 참혹한 현실을 전제하지 않고선 레비나스의 사유가 우리에게 제시하는, 다른 말로 표현하자면 레비나스의 사유를 통해 우리의 현실을 새롭게 고찰할 수 있는 기회를 앗아갈 위험이 생긴다. 실제로 그가 타자와 관련하여 과부, 고아, 이방인을 예로 든 것도 약자에 대한 우리의 태도와 관련되어 있음을 알고 있다. 나와 타자의 비대칭성, 타자에 대한 무한한 책임이라는 발상에 기초하여 레비나스가 주창한 것, 그러니까 정의를 타자에 대한 책임으로, 인권을 타자의 권리로 사유한 것은 현실적인 차원에서 보자면 그가 몸담았던 시대의 문제를 반성하고 비판하며 대응하려는 그 나름의 실천적 노력이라 보아야 할 것이다.

레비나스가 이스라엘-팔레스타인 문제를 두고 언급한 것도 혹독한 비판의 대상이 되었고 그의 사유가 비현실적이고 추상적이라 여겨지는 데 일조했다. 이를 간단히 살펴보자. 레비나스는 1982년 말카(Shlomo Malka)와의 라디오 대담 중에 레바논의 샤브라(Sabra)와 샤틸라(Chatila)에서 기독교 민병대에 의해 자행된 팔레스타인 난민 학살 사건과 관련한 질문을 받는다. 이 학살 사건에서 이스라엘 군인들은 기독교 민병대를 적극적으로 저지하지 않음으로써 학살을 방관했다는 혐의를 받았다. '이스라엘은 이 문제에 책임이 없는가?'라는 것이 말카의 질문 요지였다. 문제가 되는 말카의 질문과 레비나스의 답변을 살펴보자.

말카: 에마뉘엘 레비나스, 당신은 타자의 철학자입니다. 역사, 그리고 무

엇보다 정치는 '타자'와의 만남이 이룩되는 장소가 아닙니까? 그리고 이스라엘인에게 있어서 '타자'는 무엇보다 팔레스타인인이 아닙니까?

레비나스: ① 타자에 대한 나의 설명은 아주 다릅니다. 타자는 이웃입니다. 그가 반드시 혈연관계에 있어야 하는 것은 아니지만 그럴 수도 있겠지요. 그리고 이런 의미에서 당신이 타인을 위해 존재한다면, 당신은 이웃을 위해 있는 겁니다. ② 그러나 당신의 이웃이 또 다른 이웃을 공격하거나 정의롭지 못하게 그를 대한다면, 당신은 무엇을 할 수 있습니까? 그때 타자성은 다른 특성을 갖게 됩니다. 타자성 속에서 우리는 적을 발견할 수 있습니다. 우리는 최소한 누가 옳고 그른지, 누가 정의롭고 누가 불의한지를 알아야 하는 문제에 직면하게 됩니다. 나쁜 사람들도 있습니다.[106]

레비나스의 답변은 모호했다. 말카의 질문에 긍정도, 부정도 하지 않았던 것이다. 실제로 레비나스는 분명한 답을 원하는 말카의 질문에 극도의 조심성을 가지고 이 질문의 의도를 피해나갔다. 그러나 사실상 레비나스의 답변은 팔레스타인인은 이스라엘인에게 타자가 아니라는 말로 읽히기에 충분하다. 슬라보예 지젝은 『신체 없는 기관』(Organic without Bodies)에서 레비나스의 이런 언급을 '유명한 큰 실수'라 조롱하고, 레비나스 대답의 문제는 그 말에 잠재된 시온주의적인, 반-팔레스타인적인 태도에 있는 게 아니라 고급 이론이 속류 통념적 성찰로 변했다는 점에 있다고 이야기한다. 레비나스가 근본적으로 주장하는 타자성에 대한 존중은 원칙

---

106) Levinas, "Ethics and Politics", p.294. 논의의 편의를 위해 레비나스의 답변을 ①과 ②로 나누도록 한다.

상 무조건적이지만, 그럼에도 불구하고 실제 세계에서 구체적인 타자와 대면할 때는 그가 친구인지 적이지를 알아야 한다는 것이다. 다시 말해 실제 정치에서 타자성에 대한 존중은 불가능하며, 엄밀히 말해 아무것도 의미하지 못한다는 것이다.[107] 여러 비판가들은 여기서 레비나스의 철학과 그의 정치적 편파성 사이에 놓여 있는 위선을 본다.[108] 우리 역시 다음과 같이 물을 수 있다. 타자의 철학자로서, 아니 적어도 반유대주의 나치즘이라는 극단의 폭력을 경험한 피해자 중의 한 사람으로서 이런 식의 답변이 과연 온당한 것인가?

몇몇 레비나스 연구자들은 레비나스의 답변을 그의 철학적 바탕에서 해석함으로써 비판의 화살에서 비켜나고자 한다.[109] 그들의 주된 논리는 이렇다. 우선, 대답의 두 번째 부분부터 살펴보자. 이것은 타인의 이웃을 보호하기 위해 타인을 판단할 필요에 대해 이야기하는 것인데, 이런 논의는 앞서 레비나스가 윤리로부터 출발하여 제삼자를 통해 정의로 나아가는 방식을 서술할 때 일반적으로 즐겨 쓰던 용법이다. 누가 옳고 그른지 판단할

---

107) 슬라보예 지젝, 『신체없는 기관』, 이성민·김지훈·박제철 옮김, 도서출판 b, 2006, 207~208쪽 참조.

108) 이 점과 관련해 캠벨은 레비나스의 "타자 관념이 내가 책임을 져야 하는 자의 범위 외부에 팔레스타인을 두는 방식으로 이웃을 제한한다"라고(D. Campbell and M. Shapiro, "The Deterritorialization of Responsibility: Levinas, Derrida, and Ethics after the End of Philosophy", *Moral Spaces: Rethinking Ethics and World Politics*, University of Minnesota Press, 1999, p.39), 노이만은 "레비나스는 우선은 민족주의자로 정치적인 선택을 하고, 둘째로만 타자성의 철학자로 행세한다"라고(I. B. Neumann, *Uses of the Other: "The East" in European Identity Formation*, Manchester University Press, 1999, p.20) 비난한다.

109) R. Bernasconi, "Who is my Neighbor? Who is the Other? Questioning 'the Generosity of Western Thought'", eds. Claire Katz and Lara Trout, *Emmanuel Levinas IV: Beyond Levinas*, Routledge, 2005, pp.5~30; W. P. Simmons, *Human Right Law and the Marginalized Other*, Cambridge, 2011, pp.99~101 참조.

필요가 있다는 마지막 부분도 이와 관련된다고 볼 수 있다. 문제는 대답의 첫 부분이다. 거기서 레비나스는 타자는 이웃이지만 그렇다고 그 타자가 굳이 혈족일 필요는 없다고 말한다. 여기서 우리가 주목해야 할 것은, 레비나스에서 타자와 나의 관계가 맺어지는 방식이다. 그 관계는 윤리의 수준에서, 즉 대면의 수준에서 생겨난다. 그러니까 레비나스가 유대인이기 때문에 그의 타인은 팔레스타인인이고, 그가 부자이기 때문에 그의 타인은 가난하다고 이해하는 것은 레비나스의 철학을 잘못 이해한 것이라는 말이다. 이런 일은 한 개인을 민족성에, 국가에, 문화에 종속시키는 것이다. 대면적 관계 속에서 나로 하여금 스스로를 부유한 자로 발견케 하는 것은 타인의 요구라는 점을 이해하는 것이 중요하다. 레비나스가 강조하고자 하는 것은 인종적 범주 그 너머다. 인종적 차이가 있는 곳에서, 타인의 인종적 정체성이 타인의 타자성 자체를 이루는 것인가? 그는 자신의 타자성 담론이 문화나 인종에 적용되는 것에 반대한다.[110] "옷 입은 공동체에선 계급의 특권이 정의를 방해"[111]한다고 여기기 때문이다. 레비나스는 문화에 앞서 존재하는 윤리적 규범을 수립하고자 한다. 문화에 대한 강조가 야기하는 또 다른 보편성의 폭력을, 그 안에 잔존하는 동일화의 폭력을 벗어나야 한다고 생각하기 때문이다.

레비나스는 타자를 타자 그 자체로 존중하고 맞아들일 것을 강조한다. 물론 이것은 우리의 현실에 대한 비판적 문제의식을 담고 있다. 지젝이 잘 지적하고 있듯, 자유주의에서 타자가 존중되는 것은 타자의 타자성이 상

---

110) 이 문제를 집중적으로 제기한 논문으로는 Bernasconi, "Who is my Neighbor? Who is the Other? Questioning 'the Generosity of Western Thought'", 특히 pp. 10~12 참조.
111) Levinas, "Idéologie et idéalisme", p. 29.

실되는 한, 즉 타자가 진정한 타자로 존재하지 않는 한에서다. 타자에 대한 관용이나 타자의 자리에 대한 인정 그 내면에는 언제나 나에 대한 존중이, 나의 불가침의 영역에 대한 보장이 전제되어 있다.[112] 타자에 대한 개방성 이면에는 나의 폐쇄성이 자리하고 있는 것이다. 자유주의의 획일성을 비판하면서 한 민족의 특수성을, 각 민족의 역사와 미덕을 중시하는 입장에서도 이와 유사한 일이 발생할 수 있다. 일군의 공동체주의자들은 세계화나 문화적 혹은 경제적 지구화의 모델이 낳은 배제와 억압의 문제를 제기하는 가운데, 서구의 문화적 제국주의에 맞서 특수성을 주장하며 타자의 존중을 요구한다. 그렇지만 거기서도 타자는 언제나 그가 속한 '본래적' 공동체의 구성원으로서 파악되며, 그가 속한 공동체의 특권적인 보편성 속에 위치한다. 타자의 타자성은 공동체가 지지하는 문화적 배경이나 특수한 상황 속에서만 인정될 위험이 큰 것이다.[113]

주지하다시피 레비나스에서 타자의 얼굴은 문화를 넘어선다. 얼굴은 세계의 지평에 정착하지 않으며 내재성을 방해한다는 점에서 추상적이다. 레비나스에 있어 얼굴이 추상적이라는 것은 얼굴은 결코 세계로 통합되지 않는다는 점을 의미한다. 얼굴은 어떤 문화적 장식도 갖지 않는다. 타자의 얼굴은, 그 벌거벗음은 그 어떤 문화적 속성으로 다 퍼낼 수 없는 깊이와 높이를 갖고 있다. 그 윤리적 절대성은 역사와 문화 속에 결코 연루되지 않는다. 이에 레비나스는 정신성의 발현으로 간주되어 온 문화가 "식민화를 통한 문화의 확장"[114]이란 방식으로 인격적 개인의 삶을 재단하는 방식을

---

112) 슬라보예 지젝, 「반인권론」, 김영희 옮김, 『창작과비평』 132호, 2006, 388쪽 참조.
113) 슬라보예 지젝, 『까다로운 주체』, 이성민 옮김, 도서출판 b, 2008, 353~354쪽 참조.
114) E. Levinas, "La Signification et le Sens", *Humanisme de l'autre homme*, Fata Morgana, 1972, p.59.

문제 삼고, 타자로부터 출발하여 문화의 장벽을 꿰뚫을 필요성을 역설한다. "도덕 없는 문화는 가식에, 허술하고 위선적인 상위 구조에, 기만과 위장에 불과하다."[115] 문화의 기초 위에서 윤리와 타자가 자리하는 것이 아니라 윤리와 타자에 기초할 때에만 진정한 의미의 문화로 자리매김할 수 있다는 것이 그의 생각이다.

> 의미화에서 문화에 앞선 상황을 발견하는 것, 추상적인 인간으로서의, 모든 문화에서 벗겨진, 그 얼굴의 벌거벗음 속에서의 인간을 향하는 인간의 시선 속에서 타자의 계시 — 이것은 동시에 도덕의 탄생 자체인데 — 로부터 언어를 발견하는 것, 이것은 새로운 방식으로 플라톤주의로 돌아가는 것이다. 이것은 또한 윤리로부터 문명들을 판단하는 것이다.[116]

레비나스는 여기서 새로운 플라톤주의를 언급한다. 레비나스는 본질주의에 대한 강조로 귀착하는 것인가? 현상의 근거이자 원리로서의 이데아를 요청하는 것인가? 물론 그렇지 않다. 그에게 플라톤주의는 "문화와 역사로부터 독립하여 인간을 긍정하는 일"[117]에 다름 아니기 때문이다. 오히려 그것은 레비나스 철학 초기부터 언급되었던 '존재 너머의 선'이란 발상의 다른 이름이라 해야 할 것이다. 그 어떤 이론이나 이념으로도 다 담아낼 수 없는 초월성, 그러니까 레비나스가 강조하는 높이의 차원, 현상 너머의 차원 말이다. 그는 타자를 맥락화시킴으로써 타자를 해명하려는 그 어

---

115) E. Levinas, "Qui joue le dernier?", *L'au-delà du verset*, Minuit, 1982, p.80.
116) Levinas, "La Signification et le Sens", p.60.
117) Ibid.

떤 시도도 거부한다. 역사와 정치 또한 내가 타자와 만나는 전형적인 자리가 아니다. 역사와 정치는 동일성의 전개일 수 있는데, 나와 타자의 만남은 이런 동일성의 파괴를 요구한다. 우리는 역사와 정치의 '밖에서'만 진정한 의미의 타자를 만날 수 있다는 게 일관된 그의 주장이다.[118] 이런 일이 타자에게서 그가 몸담고 있는 삶의 터전을 빼앗아 그를 소위 '무연고적 자아'로 만들고 말 것이라는, 타자가 겪고 있는 고통의 문제 및 그것을 야기한 현실의 불평등과 배제의 구조를 보지 못하게 할 것이라는 비판이 있을 수도 있겠다. 레비나스는 그 모든 것을 무시하자는 말이 아니다. 타자의 고통이, 그의 상황과 행위가 문화적 매개를 통해 전달되고 해석되는 일은 어쩌면 불가피할 것이다. 그럼에도 레비나스가 강조하는 것은 나의 이해의 한계로 포섭되지 않는 타자의 비상함, 그 무엇으로도 재현할 수 없는 타자의 생생함이다.

레비나스는 말카의 질문이 갖는 현실적 예민함에도 불구하고, 혹은 그 예민함 때문에 그렇게밖에 답할 수 없었는지 모르겠다. 자신의 타자 담론이 잘못 이해되는 것을 막기 위해 현실적 문제와 무관한 원론적인 답변만을 했다고 말이다. 당연한 얘기겠지만, 레비나스의 의도를 이해하고 그의 사유의 유의미성을 인정한다 하더라도, 레비나스의 모든 행적을 옹호할 필요는 없을 것이다. 가자 지구에서 죽어가는 그 사람들에게 '당신은 타자가 아니다'고 어떻게 말할 수 있단 말인가? 그렇다면 레비나스는 위선적

---

118) 레비나스에겐 타자를 인종적·문화적 범주와 같은 사회학적 범주로 간주하려는 것에 대한 강한 거부감이 있다. 바로 이 점이, 그 유사성에도 불구하고, 레비나스의 철학과 탈식민주의 타자 담론과의 근본적 차이를 만들어 낸다. 자세한 내용은 박주식, 「타자의 윤리학과 타자의 담론 사이에서: 에마뉘엘 레비나스와 탈식민주의 문화이론」, 『현대영어영문학』 59집 1호, 한국현대영어영문학회, 2015, 102쪽 참조.

인 인물인가? 그의 윤리는 현실과 동떨어진 이상에 불과한 것인가? 그렇지 않다면 레비나스 스스로 자신이 넘어서고자 하는 현실의 문턱에서 넘어진 것인가? 또는 이런 그의 모습은 진정한 윤리가 이 현실에서 겪어야 할 어려움을 보여 주는 것인가?[119)]

레비나스의 사유를 비판적으로 흡수하여 자신의 철학으로 녹여낸 인물로, 특히 그의 사유를 정치 현실을 이해하고 변화시킬 수 있는 직접적인 매개로 참조한 인물로 우리는 아르헨티나의 해방철학자 엔리케 두셀(Enrique Dussel)을 들 수 있을 것이다. 우리가 여기서 두셀을 언급하는 것은, 그의 철학을 통해 레비나스의 사유가 이 시대의 정치적 사고에 어떻게 직간접적인 영향을 주었는가, 또 앞으로 정치철학에 어떤 영향을 줄 수 있을 것인가에 대한 한 시사점을 발견하기 위해서다.[120)] 레비나스의 『전체성과 무한』을 읽고 독단의 잠에서 깨어났다고 술회한 두셀은 라틴아메리카의 현실을 극복하기 위해 '제일철학으로서의 윤리'라는 관점을 사유의 출발점으로 삼는다. 그는 레비나스의 윤리가 나에 대한 타인의 우위를 인정하고 의식적 반성에 앞선 윤리적 책임을 강조한다는 점에서, 타자의 책임을 통해 비로소 자신이 성립된다고 주장하는 점에서 자신의 해방철학과 일치한다고까지 말한다.[121)] 불합리한 현실을 타개하고 인간의 해방을 실천하고자 하는 담론은 자기 자신에 대한 긍정으로부터가 아니라 타자, 그러

---

119) 문성원, 「윤리와 종말론」, 122쪽 참조.
120) 두셀의 정치철학 전반을 다루는 것은 이번 저서의 목적이 아니다. 따라서 우리의 논의는 두셀과 레비나스의 연관성을 확인하는 것으로 한정될 것이다. 두셀에 관한 이하의 분석은 조영현, 「엔리케 두셀의 해방정치철학에 대한 연구: 생명, 희생자 그리고 민중 개념을 중심으로」, 『중남미 연구』 30집 1호, 한국외국어대학교 중남미연구소, 2011에 힘입은 바 크다.
121) E. Dussel, *The Underside of Modernity: Apel, Ricoeur, Rorty, Taylor, and the Philosophy of Liberation*, trans. and ed. E. Mendieta, Humanity Books, 1998, pp.80~81 참조.

니까 가난한 자, 억압받는 자, 죽음에 놓인 자로부터 출발할 때에만 그 목표를 성취할 수 있다고 믿기 때문이다.

그러나 두셀은 크게 두 가지 입장에서 레비나스와 다른 길을 걷는다. 우선, 두셀은 레비나스의 타자를 역사화하고 사회화한다. 레비나스에서 유일자로 간주되었던 타자는 두셀에선 희생자'들'로, 더 정확히는 '민중'으로 대체된다.

근접성의 경험을 개인적 경험으로, 형이상학적 경험을 두 사람 사이의 관계로 묘사하는 것은 인간의 신비가 외재성 ── 언제나 한 집단(people)의 민중적 역사가 이 외재성을 갖는데 ── 속에서 항시 위험해질 수 있다는 점을 망각하는 것이다. 이런 집단적인 인간의 경험을 개별화하는 것은 부르주아 혁명에서 도출된 유럽적 변형이다. 아직 이루어지지 않은 결정들의 헤아리기 어려운 면모, 유일하고 독특한 각각의 면모는 성, 세대, 사회 계급, 민족, 문화 집단, 역사적 시기의 면모이다. [……] 타자, 즉 기본적으로 가난한 자이자 억압받는 자인 타자의 얼굴은 타자를 개인적 인간으로 드러내기에 앞서 사람들로 드러낸다. [……] 다른 인간은 [……] 원래 사회적이고 역사적인 민중(popular)이다.[122]

개인은 공동체 내에서 그 공동체의 구성원으로 태어날 수밖에 없음을 강조하면서 두셀은 레비나스적 타자를 제3세계 주변부 민중들(노동자, 농민 등), 억압받는 사람들, 가난한 사람들로 집단화시킨다. 또 레비나스적 타

---

122) E. Dussel, *Philosophy of Liberation*, Orbis Books, 1985, p.44. Horowitz and Horowitz "Beyond Rational Peace", p.38에서 재인용.

자의 얼굴 속에서 그/그녀에게 고통을 안겨 주었던 문화적·인종적·경제적·성적·계급적 영역의 배제 이데올로기를 읽어 내며, 또 그래야만 한다고 주장한다. 이런 방식으로 그는 타자를 '한 민중의 다양한 얼굴'로 드러내며, 고통당하는 타자의 구체적 얼굴을 통해 그에게 고통을 가하는 보이지 않는 불의한 체제를 폭로하고자 한다. 두셀은 레비나스의 타자를 재독해하고 또 확장함으로써 자신의 해방철학의 토대를 마련한 것이다.[123]

정치에 대한 이해에서도 두셀은 레비나스와 많은 차이를 보인다.

그러나 형이상학적 의미에서 나와 레비나스의 차이는 더 중요한 것이다. 낭테르의 위대한 철학자는 대면의 상황을, 타인 앞에서 나의 얼굴이 맺는 관계를 묘사한다. [……] 타인은 문제 삼고 호소하며 요구한다. [……] 그러나 레비나스는 타인의 목소리를 듣기 위한 방법이 무엇인지에 대해서, 뿐만 아니라 해방적 실천을 통해 그것에 응답할 수 있는 방법이 무엇인지에 대해서는 어떤 말도 하지 않는다. [……] 레비나스는 정치가 타자로서의 타인을 부정하는 정치가 될 경우에 발생하는 본질적인 폭력의 함정에 대해 이야기한다. 다시 말해서, 그는 전체성의 **반-정치**에 대한 철학을 하는 셈이다. 그러나 그는 **해방의 철학**에 대해 어떤 것도 말하지 않는다. [……] 가난한 자들은 불러-일으킨다. 하지만 결국 그는 언제나 가난하고 비참한 자로 머문다.[124]

---

123) 조영현, 「엔리케 두셀의 해방정치철학에 대한 연구」, 306쪽 참조.

124) E. Dussel and D. E. Guillot, *Liberación latinoamericana y Emmanuel Levinas*, Editorial Bonum, 1975, pp.8~9. E. Dussel, "'The Politics' by Levinas: Towards a 'Critical' Political Philosophy", eds. A. Horowitz and G. Horowitz, *Difficult Justice: Commentaries on Levinas and Politics*, trans. J. Rodriguez, University of Toronto Press, 2006, pp.80~81에서 재인용.

정치를 일종의 전쟁 전략이라고 진단한 레비나스에 대해 두셀은 대체로 공감한다. 정치의 전략적 활동이 공동체의 구성원들을 함수로, 동일자로 전락시킨다는 비판에 대해서는 더욱 그렇다. 그러나 레비나스의 정치 이해가 근대 국가 모델에 한정되는 등 지극히 제한적이며, 더욱이 새로운 정치가 가질 수 있는 긍정적이고 실천적인 해방적 의미를 간과했다는 점을 두셀은 강조한다.[125] 타자에 대한 직접적인 책임을 강조하지만 그것을 뒷받침할 수 있는 현실적 제도나 이를 이룩할 수 있는 정의로운 정치 체제가 없다면 그것은 결국 허울뿐인 허상에 지나지 않는다고 그는 우려한다. 그러면서 묻는다. "어떻게 굶주린 자들을 먹일 수 있는가? 과부에게 어떻게 정의를 행할 수 있는가? 가난한 자들을 위한 경제적 질서를 어떻게 세울 수 있는가? 어떻게 닫힌 전체성으로 작동하는 정치적 질서 내에 그런 법의 구조를 재건할 수 있는가?"[126] 두셀은 레비나스의 철학에선 타자를 통치하고 배제하는 지배적 전체성을 극복하고 새로운 전체성을 발전시킬 수 있는 새로운 정치를 발견할 수 없다고 생각한다. 그러니까 해방을 위해 요구되는 새로운 전체성에 대한 비판적이고도 실천적인 물음이 빠져 있다고 본 것이다.[127] 그의 비판의 초점은 레비나스가 윤리를 정치에 대립시켰다는 것, 정치를 지배나 통치의 수준으로만 이해했다는 것이다.

두셀은 레비나스의 윤리적 사유를 해방을 위한 실천적인 정치적 작업 속에 연루시키고자 했다. 두셀에게 윤리는 비판적이어야 하지만, 또한 이런 비판을 넘어 억압받는 자, 사회·정치 질서의 희생자들을 해방시키는 데

---

125) R. Cavooris, "Culture, 'The People,' and Political Transformation in Enrique Dussel's Twenty Theses on Politics", General University Honors, 2011, p.11 참조.
126) Dussel, "'The Politics' by Levinas", p.80.
127) Dussel, The Underside of Modernity, pp.81~82 참조.

로 나아가야만 하는 것이다.[128] 이런 이유로 두셀의 해방철학에서 정치는 전혀 다른 위상을 갖는다. 그는 정치를, 정확히는 착취당한 자들의 정치를 제일철학으로 놓음으로써 정치를 새롭게 복권시키고자 한다.[129] 그는 정치의 긍정적인 면, 해방적인 면을 강조한다. 그의 전략은 정치를 두 가지로 구분하는 것이다. 에두아르도 멘디에타(Eduardo Mendieta)는 두셀의 『비판 정치철학을 향하여』의 서문에서 이를 다음과 같이 요약하고 있다.

> 전체성의 정치는 규범화되고 상정된 전체성과 현상 유지의 정치이며, 자주 물신화(권력의 물신화)가 이루어진다. 비관용적인 정치로 타자를 동질화시키며 타자의 타자성을 배제하는 정치이다. 전체성의 안과 밖의 타자를 통제할 목적에서 권력을 사용하고, 이를 위해 권력 집중을 필요로 한다. 타자의 정치는 혼란과 무정부의 이름으로가 아니라 더 보편적인 새 정당성과 새로운 법(정의)을 선포하고 현 체제의 불의와 불법성(비정당성)을 비판한다.[130]

두셀에게 전체성은 인간이 자기를 실현하기 위해 만든 체계이자 이를 위해 구축한 질서이고, 타자는 이 전체성의 외부, 기존 정치나 현 체제의 바

---

128) D. Beach, "History and the Other: Dussel's Challenge to Levinas", *Philosophy and Social Criticism*, vol.30, no.3, 2004, pp.316~317 참조.

129) "해방철학은 정치, 착취당한 자들의 정치가 제일철학이라는 점을 안다. 왜냐하면 정치는 형이상학으로서의 윤리의 중심이기 때문이다. …… 정치는 윤리를 도입하고, 윤리가 철학을 도입한다"(Dussel, *Philosophy of Liberation*, pp.172~173. Horowitz and Horowitz, "Beyond Rational Peace", p.38에서 재인용).

130) E. Dussel, *Hacia una filosofía política crítica*, Desclée, 2001, p.21. 조영현, 「엔리케 두셀의 해방정치철학에 대한 연구」, 307쪽에서 재인용.

깥으로 밀려난 사람들, 그러니까 억압받고, 착취당하고, 가난해진 존재로 서의 희생자들이다.[131] 레비나스가 전체성이 아닌 외부성으로부터, 내가 아닌 타자로부터, 더 정확히는 현실 체제의 강자가 아닌 억압당한 약자로 부터 출발하여 타자의 윤리학을 내세우고 이를 통해 정치의 변화를 모색 했다면, 두셀은 이로부터 해방의 정치를, 실천적이고 적극적인 정치 프로 그램의 가능성을 궁구한 셈이다. 레비나스에 있어 동일성의 영역으로, 그 런 의미에서 타자를 왜곡하는 지평으로 간주되었던 정치 영역에 대한 갱 신과 재건이 전면에 등장하게 된 것이다.

레비나스가 '타자와의 관계'로 제시한 환대를, 요즘 전 세계적인 관심 사인 '난민' 문제와 관련지어 환기하는 것으로 우리의 논의를 마무리하는 것이 의미가 있겠다. 어쩌면 데리다의 환대 논의라 해야 할지 모르겠다. 이 개념이 철학적으로 중요하게 부각된 데에는 데리다의 탓이 크기 때문이 다. 레비나스는 『전체성과 무한』에서 "이 책은 주체성을 타인을 맞아들이 는 것으로서, 즉 환대로서 제시할 것"[132]이라고, "타자와의 관계는 봉사로 서 그리고 환대로서 성취된다"[133]라고 말하며 환대를 자신의 논의의 중심 으로 삼았다. 그러나 환대와 관련한 레비나스의 논의가 나와 타자의 관계 에 국한된 반면, 데리다는 이를 공동체나 국가 단위까지 확장하여 사유하 고 있다. 레비나스가 환대라는 단어를 주도적으로 사용하지 않았다는 점 도 밝혀 둘 필요가 있겠다. 나에 대한 타자의, 자유에 대한 책임의 우위를 내세우는 자신의 견지가, 손님을 자신의 집에 맞아들이는 주인의 태도를,

---

131) 앞의 책, 305쪽 참조.
132) Levinas, *Totalité et infini*, p.XV[『전체성과 무한』, 16쪽].
133) *Ibid.*, p.276[451쪽].

그런 한에서 주인의 지배력을 전제하는 환대라는 단어의 의미와 잘 맞지 않다고 여겼기 때문일 것이다. 알다시피 그는 책임이란 단어를 선호한다.

데리다는 『전체성과 무한』이 "환대에 대한 폭넓은 논의"[134]로 읽혀야 한다면서 레비나스의 철학을 환대 개념을 중심으로 새롭게 사유하고자 한다. 레비나스가 내세우는 환대는 타자를 그 자체로 맞아들이는 것, 데리다식으로 표현하자면 '무조건적 혹은 순수한 환대'다. 이것은 데리다가 '조건적 환대'라고 명명한, 칸트의 보편적 환대와 구분된다. 알다시피 칸트는 『영구평화론』(*Zum ewigen Frieden*)에서 영원한 평화의 조건으로 조건적 환대를 내세운다. 그에 따르면 주권성을 가진 민족 국가들은 이방인에 대한 환대를 보증해야 한다. 하지만 거기에는 명백한 조건이 있다. 환대받은 다른 국가의 시민은 환대하는 국가 안에서 평화롭게 행동해야 한다는 것, 또 그는 그 국가를 방문할 수 있을 뿐 거기서 머물 수는 없다는 것 말이다. 이렇듯 칸트의 환대는 "이방인이 낯선 땅에 도착했을 때 적으로 간주되지 않을 권리", 즉 "일시적인 방문의 권리"[135]를 뜻하는 것이지 이방인의 체류권, 이주권과는 무관하다. 조건적 환대는 거주의 권리를 배제한다는 점에서, 그것이 국가의 주권에 의존한다는 점에서 명백한 한계 내지 경계를 가지고 있다고 할 수 있겠다.[136] 데리다는 칸트식의 환대가 이방인의 필요가 아니라 주체의 판단에, 이방인을 맞이하는 자의 입장에 의지한다는 점을 강조한다. 이 환대는 "타자가 우리의 규칙을, 삶에 대한 우리의 규범을, 나아가 우리 언어, 우리 문화, 우리의 정치 체계 등을 준수한다는 조건"[137] 속

---

134) Derrida, "Le mot d'accueil", p.49.
135) 임마누엘 칸트, 『영구평화론』, 이한구 옮김, 서광사, 2008, 38~39쪽.
136) G. Leung and M. Stone, "Otherwise than Hospitality: A Disputation on the Relation of Ethics to Law and Politics", *Law and Critique*, vol.20, 2009, p.195 참조.

에서만 제공되는 것이기에 그렇다. 따라서 환대를 행하는 것은 이방인으로서의 타자를 자신의 땅으로 적극적으로 받아들여 그들과의 공존을, 그들과의 평화를 추구하는 것이 아니라 자기 국가의 주권성을 유지하는 가운데 그들을 자신의 질서 내로 맞아들이는 일이 된다. 언제나 주인은 주인으로, 손님은 손님으로 남는 것이다. 또 우리는 칸트식의 사고방식에, 내가 낯선 땅에 도착했을 때 나 역시 적으로 간주되어서는 안 된다는, 그러니까 서로가 서로의 이방인이 될 수 있다는 점을 염두해 둔, 상호 간의 합의 내지 계약이 중심적인 위치를 차지하고 있다는 점을 알고 있다.

데리다는 이런 조건적 환대에 무조건적 환대를 맞세운다. 데리다가 내세우는 환대는 관용에 기댄 조건적 환대를 넘어선다. 그는 관용이 '환대의 한계'에 불과하다고 강조한다. 관용이란 이방인이나 타자를 '어떤 지점까지' 받아들인다는, 아주 제한적인 조건하에서의 맞아들임이기 때문이다.[138] 즉 환대하는 자는 일정한 기준과 한계를 설정해 놓고 그 범위 내에서 이방인을 선택적으로 맞아들인다. 그런 한에서 조건적 환대에 대한 계약 이면에는 환대받을 권리와 환대받지 못할 권리가 동시에 놓여 있다고 해야 할 것이다. 데리다는 이런 조건적 환대를 통해서는 현존하는 불평등 구조를 개선하거나 이방인과의 평화 내지 공존을 수립할 방도가 없다고 판단하고, 이런 한계를 넘어서는 환대의 면모로 무조건적 환대를 제시하는 것이다.

무조건적 환대는 법이나 제도를 통해 환대를 일반화하는 것, 다시 말

---

137) 지오반나 보라도리, 『테러시대의 철학: 하버마스, 데리다와의 대화』, 손철성·김은주·김준성 옮김, 문학과지성사, 2004, 234쪽.

138) 데리다의 말을 직접 들어 보자. "관용은 주권자의 대리 보충적 흔적이죠. 주권은 오만하게 내려다보면서 이렇게 말하죠. 네가 살아가게 내버려 두마, 넌 참을 수 없을 정도는 아니야, 내 집에 네 자리를 마련해 두마, 그러나 이게 내 집이라는 건 잊지 마…… 관용은 바로 이와 같은 주권의 선한 얼굴입니다"(보라도리, 『테러시대의 철학』, 232쪽).

해 타자의 이질성을 최소화하거나 환대의 자격을 선택하는 등의 주권성을 행사하는 것과 전혀 무관하다. 오히려 그것은 일종의 단절을, 판단중지를 요구한다. 환대의 범위를 나의 주권성의 한계 내로 제한하지 않는 까닭이다. "순수하고 무조건적 환대는 [……] 기대되지도 초대되지도 않은 모든 자에게, 절대적으로 낯선 방문자로 도착한 모든 자에게, 사전에 개방되어 있"[139]다고 데리다는 강조한다. 데리다의 사유가 갖는 급진성은 여기에 놓여 있다. 위의 표현에서 암시되어 있듯이, 환대받는 자는 예측 불가능하고 계산 불가능한 자다. 그럼에도 환대받는 자가 환대받을 만한 자격이 있는지와 관련된 물음은, 개별 국가의 주권성과 안정성을 해치지는 않는지와 관련된 물음은, 예를 들어 이방인의 신분과 국적, 종교와 출신지에 대한 심사와 관리는 거기선 전혀 고려의 대상이 되지 못한다. 무조건적 환대의 무게 중심이 환대하는 자가 아니라 환대받는 자에 가 있기에 그렇다.

데리다가 초대(invitation)와 방문(visitation)을 구분하는 것도 이런 맥락에서다. 초대와 관련해서 보자면, 초대받은 자는 초대하는 자에 의해 선택되어야 하며, 초대하는 자는 그가 언제 올 것인지를, 그를 어떻게 맞아야 할지를 사전에 예상하고 준비할 수 있을 것이다. 하지만 방문은 그렇지 않다. 여기서는 초대하는 주인의 주권성보다 주인의 집을 방문하는 타자의 타자성이 강조된다. 예정된 손님이 아닌 갑작스런 타자의 방문은 나의 예상이나 기대와 완전히 어긋날 수 있는 것이기에, 거기서는 언제나 예기치 못한 놀라움, '절대적 놀라움'이 생겨난다. 데리다가 타자의 방문을 메시야와 관련지어 언급하는 것도 이런 연유에서다.[140] 이런 방문에 값하

139) 보라도리, 『테러시대의 철학』, 234쪽.
140) J. Derrida, "Hospitality, Justice and Responsibility: A Dialogue with Jacques Derrida",

는 것이 무조건적 환대, 즉 계산 불가능한 타자의 독특성과 맞닥뜨리는 절대적 사건으로서의 환대다. 데리다가 "환대란 자신을 놀래킴에 내맡기는 것, 준비에 이르지 못할 것을 준비하는 것"[141]이라 말하는 것도 이런 맥락에서다. 그렇기에 무조건적 환대는 불안할 수 있는 환대일 것이다. 이방인이 누구인지가 해명되기 이전에 맞아들이는 것이기에, 그래서 위험을 동반한 것이기에 그렇다. 데리다의 말마따나 "나를 타자로부터 보호해 주는 면역을 제거할 경우 이는 죽음을 무릅쓰는 위협이 될 수"[142] 있으며, 더군다나 "타자는 적의에 찬 주체가 되고, 나는 그의 인질이 될 염려"[143]도 있다. 타자를 위한 무조건적 환대에는 타자에 의한 적대(敵對)의 위험이 항상 놓여 있는 것이다. 여기서 중요한 것은 데리다가 적대의 위험을 인정하면서도 이런 위험이 환대에 필수적인 것임을 강조한다는 데에 있다. 그가 환대와 적대를 함께 사유할 필요성을 강조하기 위해 환대를 뜻하는 프랑스어 'hospitalité'와 적대를 뜻하는 프랑스어 'hostilité'을 합해 만든 신조어 'hostipitalité'를 만든 것도 이 때문이다. 진정한 환대가 행해지기 위해선 적대의 가능성을 허용해야 한다는, 또 허용할 수밖에 없다는 것이다.[144]

---

eds. R. Kearney and M. Dooley, *Questioning Ethics: Contemporary Debates in Philosophy*, Routledge, 1998, pp.70~71 참조.

141) J. Derrida, "Hospitality", ed. G. Anidjar, *Acts of Religion*, Routledge, 2002, p.361.

142) 보라도리, 『테러시대의 철학』, 234쪽.

143) 자크 데리다, 『환대에 대하여』, 남수인 옮김, 동문선, 2004, 89쪽.

144) 데리다는 레비나스가 『전체성과 무한』에서 주창한 책임의 윤리적 성격을 환대에 적용시킴으로써 환대를 급진화시킨다. 데리다가 환대와 함께 논의한 적대의 문제는 레비나스에선 주도적으로 사유되지 않는다. 레비나스가 상정하는 타자가 약자인 까닭이고 또 나는 그런 타자에 이미 사로잡혀 있기 때문이다. 이 관계에서 문제가 되는 것은 타자에 대한 무한한 책임, 물음과 의식에 앞선 직접성이다. 하지만 데리다는 환대와 관련하여 타자의 미지성을 강조하고, 또 타자와 맺는 근접성의 관계에서부터 제삼자를 문제 삼는다. 타자에 대한 회의나 판단의 문제가 중요한 주제로 등장하는 것도 이 때문이다.

하지만 여기에는 여러 현실적 문제가 도사리고 있다. 데리다가 논한 이 무조건적 환대는 개별 국가 내에서 온전히 자리할 수 있는 것인가? 이 환대를 우리의 규정된 정치적 실천이나 법률 속으로 담아내는 것이 가능한 일인가?

민족-국가는 그 정체(政體)가 무엇이든, 그것이 민주주의라 해도, 또는 거기서 다수가 우파든 좌파든, 결코 무조건적 환대를 향해 또는 유보 없는 보호의 권리(droit d'asile)를 향해 스스로를 열 수 없을 것이다. 민족-국가로서의 민족-국가에게 그런 것을 기대하거나 요구하는 것은 결코 "현실적"이지 않을 것이다.[145]

데리다가 밝히듯이 그 어떤 국가도 무조권적 환대의 권리에 사법적 지위를, 정치적 지위를 부여할 수 없을 것이다. 그런 일은 주권국가의 정체성을, 그 존재 자체를 해하는 일이 될 것이기 때문이다. 그럼에도 데리다가 무조건적 환대를 내세우는 이유는 무엇인가? 그것은 "무조건적 환대가 법적이지도 정치적이지도 않지만, 그럼에도 불구하고 정치적인 것과 법적인 것의 조건"[146]이 된다고 보기 때문이다.

그는 무조건적 환대와 조건적 환대 사이의 관계에 주목한다. 그는 환대의 '법'과 환대의 '법들'을 구분하면서 환대의 법과 환대의 법들 사이에서 발생하는 아포리아를, 이율배반적이고 모순적이지만 동시에 분리 불가능한 관계를 끊임없이 강조한다.[147] 여기서 단수로서의 '법'은 절대적이고

---

145) Derrida, "Le mot d'accueil", p. 159.
146) 보라도리, 『테러시대의 철학』, 235쪽.

무조건적인 환대의 법을 나타내는 것이고 복수로서의 '법들'은 환대하고 환대받는 사람들 사이에서 부과되는 현실적인 조건들, 그러니까 환대에 요구되는 규범과 권리들을 의미한다. 무조건적 환대의 법은 제한적으로만 작동되는 환대의 법들을 넘어서는 것이기에 결코 그 법들과 일치할 수 없지만, 환대의 법들이 없다면, "환대의 무조건적인 법은 위선적이고도 무책임한 욕망으로 남을"[148] 공산이 크다. 더욱이 환대의 법들만으로는 진정으로 타자를 맞아들일 수 없을 것이다. 타자는 언제나 기성의 한도와 제약을 넘어서 다가오는 자이기 때문이다. 타자의 이질성과 새로움을 감당하지 못하는 환대의 법들로는 진정한 환대도 존재치 않을 것이고, 타자에 대한 열림도 불가능할 것이다. "순수하고 무조건적인 환대를, 환대 그 자체를 최소한 사유해 보지 않는다면 [······] 조건부 환대의 규준조차 정할 수 없을 것"[149]이다. 데리다의 강조점은 바로 이것이다. 그는 무조건적 환대가 환대 개념 일반의 의미를 새롭게 사유케 하고 조건적 환대를 재규정할 뿐 아니라 거기에 근거하고 있는 현재적 질서에 내재적 균열을 일으키는 능력으로 작용할 수 있음을 역설한다. 실질적으로 이런 일은 현실의 차원에서 행해지는 제한된 환대의 폭과 깊이를 비판적으로 사유케 하고 이를 통해 우리를 더 환대하는 환대로 인도하는 역할을 할 수 있다.

지난 2015년 9월, 터키 해변에서 익사체로 발견된 한 아이의 사진이 언론에 보도되면서 전 세계를 큰 충격에 빠뜨렸다. 테러와 내전을 피해 작은 난민선을 타고 유럽으로 향하던 한 가족이 높은 파도로 인해 배가 난파

---

147) 자세한 내용은 데리다, 『환대에 대하여』, 104쪽 이하 참조.
148) J. Derrida, *On cosmopolitanism and forgiveness*, trans. M. Dooley and M. Hughes, Routledge, 2001, p.23.
149) 보라도리, 『테러시대의 철학』, 235쪽.

되어 아버지를 제외한 전 가족이 죽음을 맞이했는데, 그중 한 아이의 시신이 터키 해변으로 밀려온 것이다. 이 비극적인 사건은 난민 문제를 새롭게 환기케 하는 기폭제 역할을 했다. 난민 문제는 더 이상 다른 나라에서 벌어진 다른 사람들의 문제로 치부되지 않았다. 그것은 우리의 문제로, 우리가 답해야 할 문제로 간주되었고, 이런 국민적 여론은 해당 국가(수용국)에게 (난민 발생의 원인과 근본적인 해결책을 궁구하는 것과는 별도로) 우선은 그들을 맞아들이라는, 그들의 요구에 응답하라는, 그들을 향해 자국의 문을 열고 자기 안으로 환대하라는 압력으로 작용해 여러 국가의 실질적 변화를 추동해 냈다. 유럽의 나라들은 재정적·문화적·정치적 이유로 난민 입국과 보호를 자제했던 그간의 태도를 지양하고 수십 만 명에 달하는 난민을 즉각 받아들이겠다고 결의했다. 이로 인해 각 나라의 모습이 어떻게 변할지는 그 누구도 예견하기 어렵다. 그들을 안전하게 보호하고 정착시키는 데 필요한 예산의 문제, 그들이 새로운 사회에 적응하여 자립적으로 살 수 있게 하는 데 필요한 교육의 문제, 수용된 난민과 자국민 사이의 갈등을 예방하고 그들을 그 사회의 시민으로 인정하기 위해 필요한 정치의 문제 등이 새롭게 등장할 것이다. 그리고 이에 대응하기 위한 일체의 노력들은 해당 국가의 교육, 문화, 정치 전반의 급격한 변화를 초래할 가능성이 크다. 어쩌면 수용국들은 이 모든 것들을 감내하면서까지 자신이 설정하고 지켜온 경계를 스스로 열어 제친 것인지도 모른다. 그들을 환대한 자리가 환대받은 자에 의해 새롭게 자리매김되는 이 사태, 자신의 권한과 능력 안에서 난민들을 받아왔던 국가들이, 자신들의 능력의 한계를 이유로 들어 더 이상의 난민 입국을 불허했던 그 국가들이 타자의 죽음을 계기로 자신을 개방시키고 타자들을 환대하는 이 사태. 혹자는 이런 유럽의 노력을 인구 고령화에 따른 노동력 감소를 해소하기 위한 고육지책이라고 폄하하기도 하지만, 또 차후에 그런 식의 이해관계가 생겨날지는 모르겠지만, 이것이 그들의 닫혔던 문을 열게 한 궁극적인 원인은 아닐 것이다. 우리가 여기서 무조건적 환대의 일단을 보고 있다고 평가한다면, 이것은 너무 감상적인 일인가?

한편으론 이주 노동자, 결혼 이민자, 탈북자로 대표되는 우리 집단 외부의 타자들이, 다른 한편으론 성소수자, 장애인, 여성과 같은, 집단 내부에 있지만 감춰졌던 타자들이 우리 앞에 드러나는 오늘의 현실 속에서, 우리는 그들과 어떻게 관계해야 할까? 또 그 무엇이 우리와 그들 간의 평화를, 공존을 가능케 할까? 그 방법이 무엇이든 그것은 환대로부터 비롯해야 하지 않을까? 우리가 고수해 왔던 경계들을 내려놓고 그들을 있는 그대로 맞아들이는 환대 말이다.

6장 나가면서

자신의 고유한 존재에 집착하고자 하는 자연적 충동은 의심할 나위 없이 인간의 유한함에서 비롯한다. 그렇다고 우리의 인간됨이 이런 충동 속에 한정될 수는 없을 것이다. 레비나스는 자아와 자아의 존재 집착 사이의 현저한 거리를 발견한다. 자아의 윤리적 특성을 구성하는 것은 바로 그 자신의 존재 노력과의 비동일화이며, 레비나스는 이것을 가리켜 "인간적인 것의 기적",[1] "인간에게서의 새로운 가능성"[2]이라 명명했다. 이런 발상에 기초해, 레비나스는 정치의 영역에 새로운 문제를 제기하고, 또 새로운 의미를 부여한다. 레비나스의 사유는 우리가 간과해 왔던 삶의 중요한 면모를 발견하고 새롭게 사유토록 하는 계기를 제공한다. 특히 레비나스 윤리의 정치철학적 함의는 새로운 공동체를 꿈꾸는 우리가 추구해야 할 현실적 노력과 기획이 올바른 방향을 찾기 위한 주요한 기준을 제공한다. 정치를 윤리와의 관계 속에서 사유하려는 시도는 정치의 역할과 의미를, 다른 말

---

1) E. Levinas, "The Vocation of the Other", ed. J. Robbins, *Is It Righteous To Be?*, Stanford University Press, 2001, p.111.
2) E. Levinas, "Questions", *Autrement que Savoir*, Osiris, 1988, p.33.

로 표현하자면 정치가 작동되는 공간과 그 운영 방식을 한계 짓고 또 새롭게 규정하는 역할로 구체화된다.

우리는 레비나스가 제삼자의 문제를 통해 정의와 정치의 문제를 제기하면서, 우선은 그가 비대칭적 책임을 묘사하면서 거부했던 것의 대부분을 포함시키고 있다는 점을 확인하였다. 그렇다면 "정의 속에서는, 타자와 관련해 나를 짝이 맞지 않게 하는 비대칭성이 법, 자율성, 평등을 찾아내게 될 것이다"[3]라는 식의 언급은 책임의 비대칭성이 합법성의 대칭성 속에서 사라진다는 것을 의미하는 것인가? 레비나스가 강조한 것은 그 속에서 결코 사라지지 않는, 또 사라질 수 없는 고유성의 영역, 타자성의 영역이다. 우리가 현실 속에서 살아가는 이상, 또 그곳에서 수많은 고유한 각각의 타자들을 만나는 이상 혹은 그 만남 때문에, 재현하고 비교하고 분류하는 일들을, 법이나 평등에 의지하는 일들을 배제할 수는 없을 것이다. 따라서 중요한 것은 그런 일이 언제나 불충분하다는 것을 아는 것이다. 레비나스의 표현을 따르자면, 말함은 언제나 굳어지게 마련이다. 하지만 말함은 동시에 말해진 것을 넘어선다. 레비나스는 형식주의의 파괴를 목표하지 않는다. 그가 우리에게 말하고자 하는 것은 형식화될 수 없지만 정의를 설명하는 데 매우 중요한 책임과 형식주의의 관계를 끊임없이 검토해야 한다는 것이다. 경쟁하는 요구들에 대한 이 끝없는 반성은 정치에 대한 윤리의 우위를 주장하는 레비나스에게서 우리가 배울 수 있는 또 하나의 시사점일 것이다.

레비나스는 후기 작품에서 이웃에 대한 의무를 강조한다. 타인은 이웃이다. '이웃'에 해당하는 용어 'prochain'은 '가까운'이란 의미의 'proche'

---

3) E. Levinas, *Autrement qu'être ou au-delà de l'essence*, Martinus Nijhoff, 1974, p.163.

에서 왔다. 그렇다고 그가 강조하는 이웃이 상식적인 견지에서 나와 가까운 사람, 그러니까 나의 동네 주민이나 나와 이해관계를 가진 사람, 나와 이러저러한 방식으로 감정적 유대를 맺은 사람으로 생각하는 것은 명백한 잘못이다. 그것이야말로 레비나스 윤리가 벗어나고자 하는 하나의 축이기 때문이다. 레비나스는 가까움을 강조하지만 자기중심성이나 자연성을 탈피하고자 한다. 그렇다면 레비나스에서 이웃이 의미하는 바는 무엇인가? 다음의 언급은 레비나스의 의도를 명확히 보여 준다.

> 윤리는 타인과의 관계, 이웃과의 관계다. (이웃의 근접성은 공간적 의미에서의 인접성과 혼동될 수 없다). '이웃'이란 우선 이러한 관계의 **우연적인** 특성을 강조한다. 왜냐하면 타인, 이웃은 최초로 온 자이기 때문이다.[4]

레비나스에서 타자는 특정한 타자가 아니다. 그는 타자와의 만남이 갖는 '우연성'을 강조한다. 여기서 '우연적'이란 단어가 의미하는 바는 나의 선택과 무관하게, 나의 삶 속에서, 그것이 주는 위험에도 불구하고 타자와 맞닥뜨린다는 점이다. 그는 이론상의 타자가 아니라 내 옆에 있는 실제적인 타자다. 나와 가까이 있되 나와의 관련성을, 그 관계 안에서의 나의 주도권을 고려치 않는 이 만남은 인간의 유한함이 지닌 한계에서 비롯하는 직접성과 친밀성의 호소력을 놓지 않으려는 그의 지향을 오롯이 표현해 준다. 타인은 나에게 최초로 온 자다. 그와 맺는 나의 관계는 "내가 언제나 그를 향해 한 걸음 더 내딛는 그런 방식으로 접근하는 데서 성립한다".[5] 물론

---

4) E. Levinas, *Dieu, la mort et le temps*, Grasset, 1993, p.157[에마뉘엘 레비나스, 『신, 죽음 그리고 시간』, 김도형·문성원·손영창 옮김, 그린비, 2013, 205~206쪽].

우리는 이웃이 갖는 부정적인 면에 대해서, 이로 인해 발생하는 다양한 문제들에 대해 염려할 수 있을 것이다. 예컨대 지젝은 『이웃』(*The Neighbor*)이라는 책에서 레비나스가 이웃과의 대면적 관계를 내세우면서, 이웃이 갖는 위험성을 은폐하고 있다고 지적한다. 그러면서 레비나스의 사유는 이웃과의 가까운 관계를 유지할 수 있도록 하는 것이 아니라 이웃과 적절한 거리를 유지하게 하는 일종의 방어벽 기능을 수행하고 있다고 비판하기까지 한다.[6] 그뿐만이 아니다. 리처드 커니는 『이방인, 신, 괴물: 타자성 개념에 대한 도전적 고찰』(*Stranger, Gods and Monsters: Interpreting Otherness*)에서 레비나스가 선한 에일리언과 악한 에일리언을 구분할 필요성을 과소평가했다고 지적하면서, 악한 타자에 대한 무제한적 책임이 비극적인 결말을 가져올 수 있다고 염려한다. 나아가 그는 "절대적으로 타자를 환대하는 것은 윤리적 분별의 모든 기준을 보류함을 의미한다. 그리고 그러한 비분별적인 타자에 대한 개방 안에서 우리는 선과 악을 구분할 능력을 상실한다"[7]고 일축한다. 하지만 우리는 레비나스가 정의를 논하는 가운데 정치와 제도의 필요를, 비교와 측정, 지식과 법의 필요를 내세웠다는 점을 알고 있다. 물론 이런 태도 중심에는, 정의를 가능케 하는, 정의의 근원적 지평인 타자에 대한 책임이 뒷받침되어야 한다.

이 점과 관련하여 우리가 고려해야 할 또 하나의 것은 '악이란 무엇인가', '누가 악을 규정하는가' 하는 점이다. 우리는 레비나스가 타자 윤리를

---

5) Levinas, *Autrement qu'être ou au-delà de l'essence*, p.106.
6) 슬라보예 지젝·에릭 L. 샌트너·케네스 레이너드, 『이웃』, 정혁현 옮김, 도서출판 b, 2010, 259쪽 참조.
7) 리처드 커니, 『이방인, 신, 괴물: 타자성 개념에 대한 도전적 고찰』, 이지영 옮김, 개마고원, 2004, 129쪽.

통해 서구의 자기중심성을, 동일성과 전체성의 철학을 극복하고자 했음을
알고 있다. 그런 전통에 기초한 주체-타자 관계에서 타자의 타자성은 주체
의 통일성과 안전성을 해치는 악으로 간주되었기에 언제나 제거되고 부정
되어야 할 것으로 치부되었다. 이런 의도를 감안한다면, 레비나스의 논의
는 선과 악의 문제를 주체나 타자가 가진 속성과 관련해서가 아니라 타자
와 나의 대면적 관계에 기초해 판단해야 함을 촉구하는 것으로 이해할 수
있을 것이다.[8]

　레비나스의 정치철학은 이중의 계엄 태세를 전한다. 그것은 우선 잠
들어 있는 민주주의 사회의 성향을 경고한다. 레비나스는 제도들을 넘어
서는 반란을 제시한다. "정의 없는 사회에 저항하는 반란은 우리 시대의 정
신을 표현한다. [……] 다른 사회를 위한 반란, 그러나 다른 사회가 수립되
자마자 다시 시작하는 반란, 질서가 수립되자마자 다시 시작하는 반란"[9]을
주장하는 것이다. 아울러 레비나스의 철학은 그 자신에 만족하는 도덕적
의식을 문제 삼는다.[10]

　　내가 말하는 것 속에는 유토피아적 계기가 있다. 결코 현실화될 수 없지
　　만 궁극적으로는 모든 도덕적 행동을 인도하는 어떤 것에 대한 인정이 있
　　다. 이 유토피아주의가 당신으로 하여금 특정한 실제 상황을 비난케 하거
　　나, 이룩될 수 있는 상대적 진전을 인정하는 일을 금지케 하는 것은 아니
　　다. 유토피아주의는 모든 것에 대한 비난이 아니다. 중요한 것은, 유토피

---

8) 김애령, 「이방인과 환대의 윤리」, 『철학과 현상학 연구』 39집, 한국현상학회, 2008, 192~193쪽
　참조.
9) E. Levinas, "Idéologie et Idealisme", *De Dieu Qui Vient à L'idée*, Vrin, 1982, pp. 26~27.
10) P. Hayat, *Emmanuel Levinas, Éthique et Société*, Kimé, 1997, p. 104 참조.

아주의가 없다면 도덕적 삶도 없을 것이라는 점이다.[11]

타인과 맺는 윤리적 관계는 유토피아적 계기다. 그러나 그것은 그것이 결코 일어날 수 없다는 점에서 유토피아가 아니다. 그것이 유토피아인 것은 세계에 속한 장소 바깥에서 일어나기 때문이다. "세계의 방식과는 언제나 다른 방식으로."[12]

지금까지의 논의를 기초로 우리는 레비나스의 정치 사유가 적어도 세 가지 특기할 점을 가지고 있다고 결론내릴 수 있다. 첫째로 우리는 자기 이익에 근거하여 정의를 협상하는 것이 아니라 다양한 책임의 복잡성, 그러니까 타자에 대한, 제삼자에 대한, 그리고 그들의 관계에 대한 책임 때문에 정의를 요구한다는 점, 둘째로 정치는 결코 윤리를 포섭하지 못한다는 점, 다시 말해 정치는 윤리에 의해 끊임없이 비판되어야 한다는 점, 셋째로 사회는 올바른 제도들을 필요로 할 뿐만 아니라, 그것들을 비판하고 수정할 수 있는 장치들을 필요로 한다는 점이 그것이다.[13] 이에 레비나스적 국가는 윤리, 즉 타자에 대한 책임을 준거점으로 삼아 끊임없이 비판되고 수정되어야 하는 국가, 현실의 법적·정치적 제도에 안주하는 것이 아니라 그것들을 넘어서려는 국가, "국가 안에서 국가의 너머"(Au-delà de l'État dans l'État)[14]를 향하는 것으로 이야기될 수 있을 것이다.[15]

---

11) E. Levinas, "The Paradox of Morality: an Interview with Emmanuel Levinas", ed. R. Bernasconi, *The Provocation of Levinas: Rethinking the Other*, Routledge, 1988, p.178.

12) E. Levinas, "Dialogue with Emmanuel Levinas", ed. R. A. Cohen, *Face to Face with Levinas*, State University of New York Press, 1986, p.32.

13) R. Gibbs, "Asymmetry and Mutuality: Habermas and Levinas", *Philosophy and Social Criticism*, vol.23, no.6, 1997, pp.57~58 참조.

14) 이 표현은 E. Levinas, *Nouvelles lectures talmudiques*, Minuit, 2005, pp.43~76에 수록된 논

최초의 물음으로 돌아가 보자. 레비나스에게 정치란 있는가? 있다면 그것은 무엇인가? 정치를 코드화된 프로그램으로 이해한다면 그에게 정치철학은 없을 것이다. 더군다나 그의 정치철학을 정치철학의 전통 속에 기입할 수도 없을 것이다. 하지만 레비나스의 사유 속에는, 한편으론 국가, 법, 제도, 중립성 등으로 드러나는 정치와 그 정치적 실천이, 다른 한편으론 책임, 환대, 대신함으로 대변되는 혁명적 정치의 근원이 동시에 놓여 있다. 우리는 여기서 레비나스적 정치가 가진 새로운 가능성을 발견할 수 있다. 국가의 폭정이나 국가의 익명적 보편성에 맞서서, 타자의 유일성, 윤리의 우선성, 평화에 대한 새로운 발상으로부터 시작하여 정치의 공간과 정치의 개념을 새롭게 경계 짓고 또 넘어설 수 있는 단초를, 또 그 필요성을 이해할 수 있게 된 것이다. 레비나스가 신체, 욕구의 물질성, 인권, 정의의 문제에 부여한 관심은 분명 정치적인 관심이었다고 할 수 있을 것이다.

한편에선 정치에 대한 불신이 쌓여 가고, 또 다른 한편에선 정치의 변화를 바라는 목소리가 넘쳐난다. 정치는 나의 삶과 무관하다는 인식이, 정치란 결국 변하지 않을 것이라는 자조가 팽배해 있기 때문이며, 정치의 변화 없이는 현재의 불평등을 극복하고 정의로운 사회로 나아갈 수 없다는 믿음이 있기 때문이다. 레비나스가 비록 완벽한 정치철학을 제시하지는 못했다 하더라도, 그의 작업은 오늘을 살아가는 우리가 되새겨야 할 정치의 의미와 그 임무를 새롭게 사유토록 한다. 타자에 대한 열림으로서의 윤리, 윤리에 의해 열려야 하는 정치, 이런 것들은 어쩌면 우리의 삶을 변화

문의 제목을 그대로 가져온 것이다.

15) J. Derrida, "Derrida avec Levinas: entre lui et moi dans l'affection et la confiance partagée", *Magazine littéraire. Emmanuel Levinas: Éthique, religion, esthétique: une philosophie de l'Autre*, no. 419, 2003, pp. 33~34 참조.

시키기 위한 새로운 사유의 출발점이자 결코 잊혀서는 안 될 준거점일 것이다.

참고문헌

1. 레비나스 저서

(1) 단행본

À l'heure des naitons, Minuit, 1988.

Altérité et transcendance, Fata Morgana, 1995.

Autrement que Savoir, Osiris, 1988.

Autrement qu'être ou au-delà de l'essence, Martinus Nijhoff, 1974.

De Dieu Qui Vient à L'idée, Vrin, 1982.

De l'évasion, Fata Morgana, 1982.

De l'existence à l'existant, Vrin, 1986.
　　(『존재에서 존재자로』, 서동욱 옮김, 민음사, 2004)

Dieu, la mort et le temps, Grasset, 1993.
　　(『신, 죽음 그리고 시간』, 김도형·문성원·손영창 옮김, 그린비, 2013)

Difficile Liberté, Albin Michel, 1976.

Du Sacré au Saint, Minuit, 1977.

En découvrant l'existence avec Husserl et Heidegger, Vrin, 2001.

Entre nous, Grasset, 1991.

Éthique comme philosophie première, Rivages Poche, 1998.

Éthique et infini. Dialogues avec Philippe Nemo, Fayard, 1982.
　　(『윤리와 무한』, 양명수 옮김, 다산글방, 2000)

Hors Sujet, Morgana, 1987.

Humanisme de l'autre homme, Fata Morgana, 1972.

L'au-delà du verset, Minuit, 1982.

Les Imprévus de l'histoire, Fata Morgana, 1994.

Le Temps et l'autre, Fata Morgana, 1979.

　(『시간과 타자』, 강영안 옮김, 문예출판사, 1996)

Liberté et commandement, Fata Morgana, 1994.

Totalité et infini: Essai sur l'extériorité, Martinus Nijhoff, 1961.

(2) 인터뷰 및 수록 논문

Conversation with Emmanuel Levinas 1983-1994, ed. Michaël de Saint Cheron, trans. Bary D. Mole, Duquesne University Press, 2010.

"Dialogue with Emmanuel Levinas", ed. R. A. Cohen, *Face to Face with Levinas*, State University of New York Press, 1986.

"Emmanuel Levinas", *Conversations with French Philosophers*, trans. G. E. Aylesworth, Humanities Books, 1995.

"Emmanuel Levinas", ed. R. Mortley, *French Philosophers in Conversation: Levinas, Schneider, Serres, Irigaray, Le Doeuff, Derrida*, Routledge, 1991.

"Ethics and Politics", ed. S. Hand, *The Levinas Reader*, Basil Blackwell, 1989.

"Existentialism and Anti-Semitism", trans. D. Hollier and R. Krauss, *October*, vol.87, 1999.

"Interview with Fançois Poirié", ed. J. Robbins, *Is It Righteous To Be?*, Stanford University Press, 2001.

La conscience juive, Puf, 1963.

"L'asymétrie du visage, interview d'Emmanuel Levinas réalisée par France Guwy pour la télévision néerlandaise", ed. Y. C. Zarka, *Cités 25. Emmanuel Levinas. Une philosophie de l'évasion*, PUF, 2006.

"Reflections on the Philosophy of Hitlerism", trans. S. Hand, *Critical Inquiry 17*, Chicago University Press, 1990.

"The Contemporary Criticism of the Idea of Value and the Prospects for Humanism", ed. E. A. Maziarz, *Value and Values in Evolution*, Gordon and

Breach, 1979.

"The Paradox of Morality: an Interview with Emmanuel Levinas", ed. R. Bernasconi, *The Provocation of Levinas: Rethinking the Other*, Routledge, 1988.

"Visage et violence première", *Emmanuel Levinas, Europe*, nos.991-992, 2011.

2. 국내 참고문헌

(1) 저서

김도형, 「레비나스의 인권론 연구: 타인의 권리 그리고 타인의 인간주의에 관하여」, 『대동철학』 60집, 대동철학회, 2012.

_____, 「레비나스의 정의론 연구: 정의의 아포리, 코나투스를 넘어 타인의 선으로」, 『대동철학』 55집, 대동철학회, 2011.

_____, 「레비나스 철학의 사회철학적 함의: 레비나스의 윤리와 정치」, 『대동철학』 50집, 대동철학회, 2010.

김비환, 「가치다원주의 시대의 인권규범 형성: 정치철학적 접근」, 『정치사상연구』 15집 1호, 한국정치사상학회, 2009.

김애령, 「이방인과 환대의 윤리」, 『철학과 현상학 연구』 39집, 한국현상학회, 2008.

문성원, 『배제의 배제와 환대』, 동녘, 2000.

_____, 「안과 밖, 그리고 시간성: 현상에서 윤리로」, 『시대와철학』 22집 2호, 한국철학사상연구회, 2011.

_____, 「윤리와 종말론」, 『시대와철학』 24집 4호, 한국철학사상연구회, 2013.

_____, 『해체와 윤리: 변화와 책임의 사회철학』, 그린비, 2012.

_____, 「현대성과 보편성(1): 인권, 자유주의, '배제의 배제'」, 『철학』 54집, 한국철학회, 1998.

박주식, 「타자의 윤리학과 타자의 담론 사이에서: 에마뉘엘 레비나스와 탈식민주의 문화이론」, 『현대영어영문학』 59집 1호, 2015.

심상우, 「레비나스에게서 존재론의 의미」, 『해석학연구』 29집, 한국해석학회, 2012.

이진경, 『대중과 흐름: 대중과 계급의 정치사회학』, 그린비, 2012.

조영현, 「엔리케 두셀의 해방정치철학에 대한 연구: 생명, 희생자 그리고 민중 개념을 중심으로」, 『중남미 연구』 30집 1호, 한국외국어대학교 중남미연구소, 2011.

(2) 번역서

데리다, 자크, 『법의 힘』, 진태원 옮김, 문학과지성사, 2004.

_____, 「폭력과 형이상학」, 『글쓰기와 차이』, 남수인 옮김, 동문선, 2001.

_____, 『환대에 대하여』, 남수인 옮김, 동문선, 2004.

롤즈, 존, 『만민법』, 장동진·김기호·김만권 옮김, 아카넷, 2009.

레스쿠레, 마리 안느, 『레비나스 평전』, 변광배·김모세 옮김, 살림, 2006.

마르크스, 칼, 「유태인 문제에 대하여」, 『마르크스의 초기 저작: 비판과 언론』, 전태국 외 옮김, 열음사, 1996.

맥퍼슨, 『홉스와 로크의 사회철학: 소유적 개인주의의 정치이론』, 황경식 외 옮김, 박영사, 1990.

보라도리, 지오반나, 『테러시대의 철학: 하버마스, 데리다와의 대화』, 손철성·김은주·김준성 옮김, 문학과 지성사, 2004.

아렌트, 한나, 『전체주의의 기원 1』, 이진우 외 옮김, 한길사, 2006.

지젝, 슬라보예, 『까다로운 주체』, 이성민 옮김, 도서출판b, 2008.

_____, 「반인권론」, 김영희 옮김, 『창작과비평』 132호, 창비, 2006년 6월.

_____, 『신체없는 기관』, 이성민·김지훈·박제철 외 옮김, 도서출판b, 2006.

_____, 『이웃』, 정혁현 옮김, 도서출판b, 2010.

칸트, 임마누엘, 『영구평화론』, 이한구 옮김, 서광사, 2008.

커니, 리처드, 『이방인, 신, 괴물: 타자성 개념에 대한 도전적 고찰』, 이지영 옮김, 개마고원, 2004.

하이데거, 마르틴, 「휴머니즘 서간」, 『이정표 2』, 이선일 옮김, 한길사, 2005.

3. 국외 참고문헌

Abensour, Miguel, "L'an-archie entre métapolitique et politique", *Les Cahier Philosophiques de Strasbourg: Levinas et la Politique*, no.14, 2002.

Akamatsu, Étienne, *Comprendre Levinas*, Armand Colin, 2011.

Alford, C. Fred, "Levinas and Political Theory", *Political Theory*, vol.32, no.2, 2004.

      , "Levinas and the Limits of Political Theory", ed. M. Diamentides, *Levinas, Law, Politics, ed. M. Diamentides*, Routledge, 2007.

Beach, Dennis, "History and the Other: Dussel's Challenge to Levinas", *Philosophy and Social Criticism*, vol.30, no.3, 2004.

Bensussan, Gérard, "La précession de l'Éthique sur la Justice: face-à-face et pluralité", ed. G. Bensussan, *Les Cahiers Philosophiques de Strasbourg: Levinas et la politique*, no.14, 2002.

Bernasconi, Robert, "Extra-Territoriality: Outside the State, Outside the Subject", ed. J. Bloechl, *Levinas Studies: An Annual Review 3*, Duquesne University Press, 2008.

      , "Who is my neighbor? Who is the Other? Questioning 'the generosity of Western thought'", eds. C. Katz and L. Trout, *Emmanuel Levinas IV: Beyond Levinas*, Routledge, 2005.

Burggraeve, Roger, "The Good and its Shadow: The View of Levinas on Human Rights as the Surpassing of Political Rationality", *Human Rights Review*, vol.6, no.2, 2005.

      , *The Wisdom of Love in the Service of Love: Emmanuel Levinas on Justice, Peace, and Human Rights*, Marquette University Press, 2002.

      , "Violence and the vulnerable face of the other: the vision of Emmanuel Levinas on moral evil and our responsibility", eds. C. Katz and L. Trout, *Emmanuel Levinas IV: Beyond Levinas*, Routledge, 2005.

Campbell, David, "The Deterritorialization of Responsibility: Levinas, Derrida, and Ethics after the End of Philosophy", eds. D. Campbell and M. Shapiro, *Moral Spaces: Rethinking Ethics and World Politics*, University of Minnesota Press, 1999.

Cavooris, Robert, "Culture, 'The People,' and Political Transformation in Enrique Dussel's Twenty Theses on Politics", General University Honors, 2011.

Caygill, Howard, *Levinas and the Political*, Routledge, 2002.

Chalier, Catherine, "À propos de la guerre et de la paix", ed. G. Bensussan, *Les Cahiers Philosophiques de Strasbourg: Levinas et la politique:*, no 14, 2002.

Chanter, Tina, "Neither Materialism Nor Idealism: Levinas's Third Way", eds. A. Michman and A. Rosenberg, *Postmodernism and the Holocaust*, Brill Rodopi, 1998.

Ciaramelli, Fabio, "Le refus de l'immédiat. Remarques sur Levinas et la question de la justice", *Revue internationale de philosophie: Emmanuel Levinas*, no.235, 2006.

Cohen, Richard, *Ethics, Exegesis, and Philosophy: Interpretation after Levinas*, Cambridge University Press, 2001.

_____, "'Political Monotheism': Levinas on Politics, Ethics and Religion", eds. Chan-fai Cheung et al, *Essays in Celebration of the Founding of the Organization of Phenomenological Organizations*, http://www.o-p-o.net, 2003.

Critchley, Simon, "Five Problems in Levinas's View of Politics and a Sketch of a Solution to Them", ed. M. Diamentides, *Levinas, Law, Politics*, Routledge, 2007.

_____, *The Ethics of Deconstruction: Derrida and Levinas*, Purdue University Press, 1992.

Davidson, Scott, "The Rights of the Other: Levinas and Human Rights", eds. S. Davidson and D. Perpich, *Totality and Infinity at 50*, Duquesne University Press, 2012.

Derrida, Jacques, "Derrida avec Levinas: entre lui et moi dans l'affection et la confiance partagée", *Magazine littéraire. Emmanuel Levinas, Éthique, religion, esthétique: une philosophie de l'Autre*, no.419, 2003.

_____, *Donner la mort*, Galilée, 1999.

_____, "Hospitality", ed. G. Anidjar, *Acts of Religion*, Routledge, 2002.

_____, "Hospitality, Justice and Responsibility. A Dialogue with Jacques Derrida", eds. R. Kearney and M. Dooley, *Questioning Ethics. Contemporary Debates in Philosophy*, Routledge, 1998.

_____, "Le mot d'accueil", *Adieu à Emmanuel Levinas*, Galilée, 1997.

_____, *On cosmopolitanism and forgiveness*, trans. M. Dooley and M. Hughes, Routledge, 2001.

_____, "Violence et metaphysique: Essai sur la pensée d'Emmanuel Levinas", Revue de metaphysique et de morale, nos. 3, 4, 1964.

Delhom, Pascal, "Apories du tiers: les deux niveaux de la justice", ed. G. Bensussan, *Les Cahier Philosophiques de Strasbourg: Levinas et la Politique*, no. 14, 2002.

Drabinski, John, "The possibility of an ethical politics: from peace to liturgy", eds. C. Katz and L. Trout, *Emmanuel Levinas IV: Beyond Levinas*, Routledge, 2005.

Dussel, Enrique, *Hacia una filosofía política crítica*, Desclée, 2001.

_____, "'The Politics' by Levinas: Towards a 'Critical' Political Philosophy", eds. A. Horowitz and G. Horowitz, *Difficult Justice: Commentaries on Levinas and Politics*, trans. J. Rodriguez, University of Toronto Press, 2006.

_____, *The Underside of Modernity: Apel, Ricoeur, Rorty, Taylor, and the Philosophy of Liberation*, trans./ed. E. Mendieta, Humanity Books, 1996.

Gibbs, Robbert, "Asymmetry and Mutuality: Habermas and Levinas", *Philosophy and Social Criticism*, vol. 23, no. 6, 1997.

_____, *Correlations in Rosenzweig and Levinas*, Princeton University Press, 1992.

Guenther, Lisa, *The Gift of the Other. Levinas and the politics of Reproduction*, State University of New York Press, 2006.

Hansel, Georges, "Ethique et politique dans la pensée d'Emmanuel Levinas", *Conférence au Centre Edmond Fleg*, 2003.

Hayat, Pierre, *Emmanuel Levinas, Éthique et Société*, Kimé, 1995.

_____, *Individualisme Éthique et Philosophie chez Levinas*, Kimé, 1997.

Hernádez, Francisco Xavier Sánchez, *Vérité et justice dans la philosophie de Emmanuel Levinas*, L'Harmattan, 2009.

Herzog, Annabel, "Political Equality in Levinas's "Judaism and Revolution"", *Telos 152*, 2010.

Horowitz, Asher, "Beyond Rational Peace: On the Possibility/Necessity of a Levinasian Hyperpolitics", eds. A. Horowitz and G. Horowitz, *Difficult Justice: Commentaries on Levinas and Politics*, University of Toronto Press, 2006.

Horowitz, Asher and Horowitz, Gad, "Is Liberalism All We Need? Prelude via Fascism", eds. A. Horowitz and G. Horowitz, *Difficult Justice: Commentaries on Levinas and Politics*, University of Toronto Press, 2006.

Hughes, Cheryl L, "The Primacy of Ethics: Hobbes and Levinas", eds. C. Katz and L. Trout, *Emmanuel Levinas II: Levinas and the History of Philosophy*, Routledge, 2005.

Jordaan, Eduard, "Cosmopolitanism, Freedom, and Indifference: A Levinasian View", *Alternatives: Global, Local, Political*, vol.34, no.1, 2009.

Kant, Immanuel, *Observations on the Feeling of the Beautiful and the Sublime*, trans. J. T. Goldthwait, University of California Press, 1960.

Kenaan, Hagi, *une autre éthique du regard aprés Levinas*, l'éclat, 2008.

Kirkpatrick, Kate, "Levinas' Challenge to Abstract Law: Politics as Totality and Religion as Motivation for the Truly Just", *Ars Disputandi 5*, 2011.

Kunz, George, *The Paradox of Power and Weakness*, State University of New York Press, 1998.

Leung, Gilbert and Stone, Matthew, "Otherwise than Hospitality: A Disputation on the Relation of Ethics to Law and Politics", *Law Critique 20*, 2009.

Lingis, Alphonso, "Objectivity and of justice: A critique of Emmanuel Levinas' explanation", *Continental Philosophy Review 32*, 1999.

Macpherson, Crawford B, *The Political Theory of Possessive Individualism: Hobbes to Locke*, Oxford University Press, 1964.

Manning, Robert John Scheffler, "Serious Ideas Rooted in Blood: Emmanuel Levinas's Analysis of the Philosophy of Hitlerism", eds. A. Michman and A. Rosenberg, *Postmodernism and the Holocaust*, Brill Rodopi, 1998.

Nagel, Thomas, "Rawls on Justice", ed. N. Daniels, *Reading Rawls: Critical Studies on Rawls' "A Theory of Justice"*, Standford University Press, 1989.

Ndayizigiye, Thaddée, *Réexamen éthique des droits de l'homme sous l'éclairage de la pensée d'Emmanuel Levinas*, Peter Lang, 1997.

Neumann, Iver B., *Uses of the Other: "The East" in European Identity Formation*, Manchester University Press, 1999.

Peperzak, Adriaan, *To the Other: An Introduction to the Philosophy of Emmanuel Levinas*, Purdue University Press, 1993.

Perpich, Diane, "A singular justice: ethics and politics between Levinas and Derrida", eds. C. Katz and L. Trout, *Emmanuel Levinas IV: Beyond Levinas*, Routledge, 2005.

Robert-Cady, Sarah E., "Rethinking Justice with Levinas", ed. D. Manderson, *Essays on Levinas and Law: A Mosaic*, Palgrave Macmillan, 2009.

Rolland, Jacques, *Emmanuel Levinas. L'éthique comme philosophie premiére*, Cerf, 1993.

Rorty, Richard, "Remarks on Deconstruction and Pragmatism", ed. C. Mouffe, *Deconstruction and Pragmatism*, Routledge, 1996.

_____, "Response to Simon Critchley", ed. C. Mouffe, *Deconstruction and Pragmatism*, Routledge, 1996.

Rosen, Joseph, "From a Memory beyond Memory to a State beyond the State", eds. A. Horowitz and G. Horowitz, *Difficult Justice: Commentaries on Levinas and Politics*, University of Toronto Press, 2006.

Sartre, Jean Paul, *Reflexions sur la Question Juive*, Morihien, 1946.

Simmons, William Paul, *An-Archy and Justice: An Introduction to Emmanuel Levinas's Political Thought*, Lexington Books, 2003.

_____, *Human Right Law and the Marginalized Other*, Cambridge, 2011.

_____, "The Third. Levinas' Theoretical Move from An-archical Ethics to the Realm of Justice and Politics", *Philosophy and Social Criticism*, vol.25, no.6, 1999.

Stauffer, Jill, "Productive Ambivalence: Levinasian Subjectivity, Justice, and the Rule of Law", ed. D. Manderson, *Essays on Levinas and Law: A Mosaic*, Palgrave Macmillan, 2009.

Tahmasebi, Victoria, "Does Levinas Justify or Transcend Liberalism? Levinas on Human Liberation", *Philosophy and Social Criticism*, vol.36, no.5, 2010.

Vanni, Michel, "Pour une praxis asymétrique. L'incomparable pluralité des réponses à l'appel d'autrui", ed. G. Bensussan, *Les Cahiers Philosophiques de Strasbourg: Levinas et la politique*, vol.14, 2002.

Wolcher, Louis E., "Ethics, Justice, and Suffering in the Thought of Levinas: The Problem of the Passage", *Law and Critique*, vol.14, no.1, 2003.

찾아보기